D1236604

Vauvenargues
and La Rochefoucauld

Peter Martin Fine

Vauvenargues
and La Rochefoucauld

Manchester University Press

Rowman & Littlefield

© 1974 Peter Martin Fine

Published by
Manchester University Press
Oxford Road, Manchester M13 9PL

UK ISBN 0 7190 0588 4

USA

Rowman & Littlefield
81 Adams Drive, Totowa, N.J. 07512

US ISBN 0 87471 584 9

Library of Congress cataloguing-in-publication data

Fine, Peter Martin
  Vauvenargues and La Rochefoucauld.

  Bibliography: p.
  1. Vauvenargues, Luc de Clapiers, marquis de, 1715-1747. 2. La
Rochefoucauld, François, duc de, 1613-1680. 3. Man. I. Title.
BJ704. V5F56   1974   194   74-13244
UK ISBN 0 7190 0588 4
US ISBN 0 87471 584 9

Printed in Great Britain by
T. & A. Constable Ltd., Edinburgh

Contents

Preface

Originally the subject of this study was part of an ambitious research venture, whose aim was to evaluate the true position of Vauvenargues *vis-à-vis* the French classical tradition he knew and the Romantic movement he foreshadowed. Behind this search was the hope of establishing a missing link which would shed new light on the evolution of some literary and philosophic currents at a particular point of convergence and differentiation. Vauvenargues represents just such a pivotal figure in the history of literature.

Though Vauvenargues was an ardent reader, admirer and imitator of French classical writers, it was his eloquent role in the rehabilitation of man's passions and virtues, in opposition to this heritage, which won him posthumous fame. Vauvenargues has been systematically anthologised and identified as a precursor of Romanticism. Since his reputation as a writer rests primarily on Vauvenargues' best known work, his *Maximes*, a close comparison with those of La Rochefoucauld was an essential part of any revaluation of Vauvenargues.

The complexity of their relationship led me to pursue this comparative study further, in order to go beyond a simplistic view of their antagonism. Closer examination of their writings, beyond their *Maximes* alone, revealed areas of agreement on some basic moral questions and helped isolate essential points of divergence. In the process La Rochefoucauld's role as a catalyst in the evolution of the French moralist tradition became clearer.

A composite picture of La Rochefoucauld's criteria for judging human behaviour, his 'heroes' versus the mass of moral reprobates, finds a curious mirror image in Vauvenargues' writings. They share a dialectic which opposes the superiority of a moral elite to the standard of mediocrity set by modern society. Together their maxims provide a richer view of man and fresh insights into their respective position as *moralistes*. Although purposely limited in its scope, the results of this study underline the value of viewing authors in terms of their literary ancestry as well as their posterity. This enables us to perceive more clearly their debt to the past as well as the transformation of that tradition wrought by their individual genius.

Acknowledgements

This study was made possible through the generous assistance of colleagues and academic institutions with which I have been associated over the past several years.

I was fortunate to have been able to benefit from a Columbia University travelling fellowship, in conjunction with a Fulbright grant, enabling me to pursue research in France.

Scripps College facilitated my work on the sources and ramifications of the moral philosophy of both Vauvenargues and La Rochefoucauld by granting me a special Humanities seventh semester partial sabbatical.

The scholarly advice offered by Professor Gita May and by the late Professor Nathan Edelman was most helpful during the elaboration of my research.

In the preparation of the manuscript, I am thankful for the indefatigable assistance of Gail Witkin. Above all, I am indebted to my wife and colleague, Sara, who offered invaluable help in the form of typing, criticism and, most especially, understanding while caring for our children, Jessica, Jonathan and Danielle.

Introduction

Over a hundred years separate the date of the birth of François VI, duc de La Rochefoucauld, from that of Luc de Clapiers, marquis de Vauvenargues.[1] Despite the passage of time, Vauvenargues felt obliged to dispute the principles set forth in the writings of his seventeenth-century rival, in order to attentuate their influence upon his own 'enlightened' contemporaries. The basic elements of Vauvenargues' ethics can be discerned in the complex nature of his opposition to La Rochefoucauld.

The goal Vauvenargues set for himself on the first page of the 'Discours préliminaire' to his *Introduction à la connaissance de l'esprit humain* is that of the conciliation of past truths, not pure literary invention:

> D'une infinité d'hommes différents qui envisageaient les choses par divers côtés, peu de gens ont l'esprit assez profond pour concilier tant de vérités, et les dépouiller des erreurs dont elles sont mêlées. Au lieu de songer à réunir ces divers points de vue, nous nous amusons à discourir des opinions des philosophes, et nous les opposons les uns aux autres, trop faibles pour rapprocher ces maximes éparses et pour en former un système raisonnable.[2]

The illnesses which Vauvenargues suffered obliged him to abandon this ambitious goal. His initial maxim stressed the arduous character of such an undertaking: 'Il est plus aisé de dire des choses nouvelles que de concilier celles qui ont été

---

[1] La Rochefoucauld was born on 15 September 1613 and died during the night of 15-16 March 1680. Vauvenargues was born on 5 August 1715 and died on 28 May 1747.

[2] *Œuvres*, ed. D.-L. Gilbert (Paris: Furne, 1857), p. 1.

dites.'[3] Although Vauvenargues' comments refer to a broad spectrum of literary initiatives, his first maxim is particularly applicable to a comparison of his writings to those of La Rochefoucauld. The object of this study is not to form a system of the truths contained in their thoughts, but rather to seek out points of contact and of divergence which mark their views of man.

Beyond the framework of La Rochefoucauld's *Maximes*, which form the focal point of their dispute, other writings shed new light on positive aspects of his thought. The enlarged perspective afforded by more complete editions of La Rochefoucauld's works, published after Vauvenargues' time, gives a new dimension to their relationship. These additions, as well as the posthumous role which La Rochefoucauld played in challenging Vauvenargues' own moral philosophy, deserve reconsideration.

After reviewing Vauvenargues' basic attitude toward La Rochefoucauld, its sources and its effects, their views on the role of reason and sentiment in directing man's actions will be discussed. This will provide the fundamental vocabulary and orientation necessary for investigating their understanding of the nature of self-love. Beyond this central concept, the notions of virtues and vices will be analysed in terms of the authors' admiration or disdain for certain acts and character types. Finally, their depiction of an elite affords a common ground for the study of their appraisal of greatness. Both authors retain their originality, while reflecting similar concerns in their contemplation of man's moral potential. The disheartening image of mankind Vauvenargues detected in La Rochefoucauld's aphorisms put his own personal convictions to the test, provoking some of Vauvenargues' most eloquent *apologies* for a more magnanimous form of humanism.

---

[3] This is the version of the second and subsequent editions of Vauvenargues' works. The first edition of 1746 had added the following statement (probably withdrawn after the first edition owing to Voltaire's comment 'non', found in the annotated edition at the Bibliothèque Méjanes, Aix): 'Et de les réunir sous un point de vue.' *Œuvres*, p. 374, note 1.

I

Vauvenargues in defence of man

Viewed from a traditional, historical perspective, La Rochefoucauld and Vauvenargues tend to represent clearly distinct
alternatives in understanding the human condition. The philosopher of self-love and the champion of heroic glory appear to
be unalterably opposed literary figures. Vauvenargues' hostile
attitude towards his rival's *Maximes* serves to underscore their
differences. Before attempting to explore the affinities which
render their relationship more ambiguous than it might otherwise appear, an appraisal of Vauvenargues' primary reactions
to La Rochefoucauld is in order:

La répugnance que j'ai toujours eue pour les principes que l'on
attribue au duc de La Rochefoucauld, m'a engagé à discuter quelques-unes de ses Maximes. Ce sont les erreurs des hommes illustres
qu'il importe le plus de réfuter, leur réputation leur donnant de
l'autorité, et les grâces de leurs écrits les rendant plus propres à
séduire.[1]

The antagonism which Vauvenargues expresses in his
'Critique de quelques maximes du duc de La Rochefoucauld'
parallels Voltaire's opposition to Pascal in the twenty-fifth of
his *Lettres philosophiques*:

Il [Pascal] impute à l'essence de notre nature ce qui n'appartient
qu'à certains hommes. Il dit éloquemment des injures au genre
humain. J'ose prendre le parti de l'humanité contre ce misanthrope

---

[1] Luc de Clapiers, marquis de Vauvenargues, *Œuvres posthumes et
œuvres inédites* (Paris: Furne, 1857), p. 75. This work is the second volume
of the Gilbert edition of Vauvenargues' *Œuvres* and all subsequent
references to this edition of Vauvenargues' works will be noted par-
enthetically in my text as 'I' and 'II' respectively. Original spelling observed.
Citation of individual *maximes* by number will refer to the first volume of
this edition.

sublime; j'ose assurer que nous ne sommes ni si méchants ni si malheureux qu'il le dit. . . .[2]

In similar fashion Vauvenargues criticises La Rochefoucauld's *Maximes* as a one-sided survey of the 'côté faible de l'esprit humain' (II, 75). Viewed as a whole, Vauvenargues' works seem to be dedicated to a personal 'défense et illustration' of a more generous view of human nature.

Vauvenargues accuses La Rochefoucauld of misanthropy in terms reminiscent of Voltaire's critique of Pascal. Like Voltaire, Vauvenargues assumes the self-appointed role of 'défenseur du genre humain' in his challenge to the stern classical moralist traditions:

Je suis bien éloigné de me joindre à ces philosophes qui méprisent tout dans le genre humain, et se font une gloire misérable de n'en montrer jamais que la faiblesse. Qui n'a des preuves de cette faiblesse dont ils parlent, et que pensent-ils nous apprendre? Pourquoi veulent-ils nous détourner de la vertu, en nous insinuant que nous en sommes incapables? Et moi, je leur dis que nous en sommes capables. . . . [I, 162]

Elsewhere Vauvenargues levels a more specific criticism at La Rochefoucauld, the philosopher of self-interest, in the guise of a general statement:

Nous sommes si présomptueux, que nous croyons pouvoir séparer notre intérêt personnel de celui de l'humanité, et médire du genre humain, sans nous compromettre. Cette vanité ridicule a rempli les livres des philosophes d'invectives contre la nature. [I, 399-400]

The category of *philosophe*, although given various meanings in different contexts in Vauvenargues' works, usually includes thinkers of all persuasions who share this uninviting characteristic: 'Un philosophe est un personnage froid ou un personnage menteur. . . .' (*Maxime* 654). Where they are cited in the most unfavourable light, as in the above examples, the term seems to refer to those who express their disillusionment with man's capability and merit. This neatly encompasses the *mondain*'s disaffection with social myths concerning virtue and the Jansenist demolition of human self-confidence which were

[2] Voltaire, *Lettres philosophiques* (Paris: Classiques Garnier, 1964), p. 141.

facets of the *salon* society frequented by La Rochefoucauld. Vauvenargues judges La Rochefoucauld's work on the basis of its effect rather than analysing the author's motives:

Qu'elles qu'aient été ses intentions, l'effet m'en paraît pernicieux; son livre, rempli d'invectives délicates contre l'hypocrisie, détourne, encore aujourd'hui, les hommes de la vertu, en leur persuadant qu'il n'y en a point de véritable. [II, 75]

It is this demoralising influence which Vauvenargues seeks to counteract in his attack on La Rochefoucauld's *Maximes*. Vauvenargues attempts to restore man's faith in the reality and advantages of virtue.

This reaction to La Rochefoucauld is not unprecedented; the original public of the *Maximes*,[3] as well as modern critics,[4] echo this view of the disconcerting effect of his masterpiece. 'Le discours sur les Maximes' (attributed to Henri de Bessé, sieur de La Chapelle), which preceded the original 1665 edition of La Rochefoucauld's *Maximes*, defends the aphorist against objections raised by contemporary readers which were to be expressed by Vauvenargues, in slightly different terms, in his 'Critique de quelques maximes du duc de La Rochefoucauld'. Four main difficulties are mentioned in the 'Discours', each with its respective *apologie*. They deal with the work's allegedly immoral effect (1, 359), its negative bias (1, 362), its obscurity (1, 366), and its general condemnation of mankind based on

---

[3] A reflection of the feeling of moral nihilism which Vauvenargues attributed to the *Maximes* is found in this commentary by a contemporary reader of La Rochefoucauld, Madame de Schomberg: 'Je ne suis pas encore parvenue à cette habileté d'esprit où l'on ne connaît dans le monde, ni honneur, ni bonté, ni probité; je croyais qu'il y en pouvait avoir; cependant, après la lecture de cet écrit, l'on demeure persuadé qu'il n'y a ni vice ni vertu à rien. . . .' Cited in La Rochefoucauld, *Œuvres*, I (Paris: Hachette, 1868), p. 376; *cf.* 'Jugements des contemporains', 1, 372-92. Subsequent citations of La Rochefoucauld and the numbering of the *Maximes* will refer to this four-volume edition unless otherwise indicated. Original spelling observed.

[4] L. A. P. Prévost-Paradol, *Etudes sur les moralistes français* (Paris: Hachette, 1864), p. 150; R. Grandsaignes d'Hauterive, *Le Pessimisme de La Rochefoucauld* (Paris: Colin, 1914), p. 211; Jean Starobinski, 'La Rochefoucauld et les morales substitutives, I', *La Nouvelle Revue française*, CLXIII (July 1966), pp. 28-9.

'des défauts qui ne se touvent qu'en quelques hommes' (1, 367).

The brunt of Vauvenargues' criticism of La Rochefoucauld rests upon the discouraging moral influence of the *Maximes*, regardless of the author's intentions, which the 'Discours sur les Maximes' had sought to exonerate in the following terms:

Il me semble que la première [difficulté] est celle-ci: *que les Réflexions détruisent toutes les vertus.* On peut dire à cela que l'intention de celui qui les a écrites paroît fort éloignée de les vouloir détruire . . . [1, 359]

In the draft of an article for the *Journal des Savants* which Madame de Sablé sent to La Rochefoucauld for editing, we find this account of that substantial part of public opinion which found the *Maximes* morally repugnant: 'Les uns croient que c'est outrager les hommes que d'en faire une si terrible peinture, et que l'auteur n'en a pu prendre l'original qu'en lui-même . . .' (1, 391-2). La Rochefoucauld suppressed this part of the article, for he may have been dismayed by the type of reaction to his work which took the form of such personal attacks. He had hoped that the probity of his actions in society would dispel such false reasoning.[5] Vauvenargues was more inclined to accept maxims as the best indication of the hidden character of the writer: 'Les Maximes des hommes décèlent leur cœur' (1, 384). In the case of La Rochefoucauld, the application of this rule is devastating: 'Si l'illustre auteur des *Maximes* eût été tel qu'il a tâché de peindre tous les hommes, mériterait-il nos hommages et le culte idolâtre de ses prosélytes?'[6] (*Maxime* 299). The repeated direct and indirect attacks

[5] The 'Discours . . .' argued against those who would reduce the *Maximes* to 'le portrait du peintre' (1, 367) but contemporary reaction reiterated the accusation. Mme de Guymené's opinion had been that La Rochefoucauld 'juge tout le monde par lui-même' (1, 372); Mme de La Fayette (1, 375) and Mme de Schomberg (1, 378) expressed similar reservations. The Chevalier de Méré's account of La Rochefoucauld's reaction to those who view the *Maximes* as a self-portrait is plausible: 'C'est une chose étrange que mes actions et mon procédé ne les en désabusent pas' (1, 396).

[6] Montesquieu indicates the popularity of La Rochefoucauld's *Maximes* among a social group Vauvenargues held in low esteem: 'Les *Maximes* de M. de la Rochefoucauld sont les proverbes des gens d'esprit.' *Mes Pensées,* in his *Œuvres complètes* (Paris: Seuil, 1964), *Pensée* 898, p. 978.

Vauvenargues levelled at La Rochefoucauld are unusual in their severity; his critical sense of balance gives way to a feeling of moral outrage when confronting La Rochefoucauld's *Maximes*.

A defence of the *genre humain* is not the sole concern of Vauvenargues in the dispute with La Rochefoucauld. In a passage entitled 'Sur les philosophes modernes' we find that, in Vauvenargues' moral system, one part may well be greater than the whole when we compare an elite group of 'âmes fortes' (I, 162, note 4) to the greater mass of humanity. This elite exemplifies the ideals of virtue to which Vauvenargues was personally committed; his moral philosophy may be viewed as a veiled attempt at self-justification. Within this context La Rochefoucauld's unflattering reflections on fortune and merit must have struck highly sensitive chords within the frustrated, yet idealistic, captain in the Royal Regiment:

Ceux qui croient avoir du mérite se font un honneur d'être malheureux, pour persuader aux autres et à eux-mêmes qu'ils sont dignes d'être en butte à la fortune. [I, 51]

Vauvenargues found this maxim of La Rochefoucauld vulgar (II, 84, note I). In his 'Conseils à un jeune homme' Vauvenargues urges a positive use of misfortune not as a shield for

---

Vauvenargues' dislike for this kind of wit is evident in his *Réflexion* 'Contre l'esprit d'emprunt': 'Ce qui fait que tant de gens d'esprit en apparence parlent, jugent, entendent, agissent si peu à propos et si mal, c'est qu'ils n'ont qu'un esprit d'emprunt . . . ils sont pétris de phrases, d'expressions brillantes, de plaisanteries et de réflexions qu'ils placent du mieux qu'ils peuvent, et qui éblouissent ceux qui ne les connaissent point' (I, 106). Vauvenargues' critique of La Rochefoucauld is designed, in part, to offset his influence on such uncritical imitators. The impact of La Rochefoucauld and his *Maximes* among Vauvenargues' contemporaries is also established by a recent researcher: 'During the eighteenth century the weaknesses and failure of the man were pretty completely effaced by the outstanding merits of the author and moralist. His *Maximes* are edited, commented and quoted. Respect for him grew to such a degree that facts about him sounded like fiction. The nineteenth and twentieth century critics debate the facts and deflate the fiction.' Gloriana Harding MacNeill, 'French Criticism of La Rochefoucauld and his *Maximes* up to 1925', in *Dissertation Abstracts: the Humanities and Social Sciences* (Ann Arbor: University Microfilms, 1968), vol. 28, No. 10, p. 5022-A.

B

vanity but rather as a stimulus to higher levels of courageous action:

Le malheur même a ses charmes dans les grandes extrémités; car cette opposition de la fortune élève un esprit courageux, et lui fait ramasser toutes ses forces, qu'il n'employait pas. [1, 124]

Vauvenargues never assumes the disinterested posture La Rochefoucauld ironically prescribes for the reader in his preface to the first edition of the *Maximes*:

En un mot, le meilleur parti que le lecteur ait à prendre est de se mettre d'abord dans l'esprit qu'il n'y a aucune de ces *Maximes* qui le regarde en particulier, et qu'il en est seul excepté, bien qu'elles paroissent générales; après cela, je lui réponds qu'il sera le premier à y souscrire, et qu'il croira qu'elles font encore grâce au cœur humain. [1, 27-8]

La Rochefoucauld warns further that vigorous condemnation of his *Maximes* is an unwitting means of self-incrimination, as being merely a reaction prompted by self-love:

Il n'y a rien de plus propre à établir la vérité de ces *Réflexions* que la chaleur et la subtilité que l'on témoignera pour les combattre. . . . 1, 27]

Vauvenargues, however, would argue that La Rochefoucauld's degradation of man inevitably incriminates the accuser as well as the accused.[7]

The persistent attempt to refute La Rochefoucauld at all costs is evident in the critical reconsideration to which Vauvenargues subjected many of his predecessor's maxims. Vauvenargues' feelings on the maxim 'La bonne grâce est au corps ce que le bon sens est à l'esprit' (*Maxime* 67) show a marked contrast between a first impression and his final critical judgement, as D.-L. Gilbert notes:

Dans une première rédaction de sa *Critique des Maximes de La Rochefoucauld*, il qualifiait cette pensée de *juste et lumineuse* comparaison; mais, en y regardant de plus près, il arriva bientôt à cette conclusion tout opposée (*Œuvres*, p. 80): 'Cette comparaison ne me paroît ni claire, ni juste. . . .'[8]

[7] Vauvenargues, *Œuvres*, 1, 399-400; previously quoted in my text, see *supra*, p. 4.
[8] La Rochefoucauld, *Œuvres*, 1, 59, note 2.

Vauvenargues' 'Critique de quelques maximes du duc de La Rochefoucauld' would appear to refute his own general rule concerning the immediacy of taste: 'Ce que l'on ne sent pas d'abord, on ne le sent pas par degrés, comme l'on fait en jugeant' (1, 17). Vauvenargues' revaluation of several of his rival's maxims also seems to invalidate Suard's commentary, which supports the application of Vauvenargues' rule to the discernment of faults after an initially positive impression: 'On n'est jamais choqué du défaut qui n'a pas choqué d'abord' (1, 17, note 1). This seeming contradiction is resolved by the distinction Vauvenargues makes between 'un livre de réflexion' and 'les ouvrages de goût'. While the former is free to incorporate 'toute vérité', the latter are far more restrictive: 'Tout ce qui n'est qu'ingénieux est contre les règles du goût' (1, 16). Thus it follows that Vauvenargues would classify the *Maximes* of La Rochefoucauld as 'Un livre de réflexion', although the admirers of that author may have hailed this work as an 'ouvrage de goût'. Vauvenargues felt impelled to reduce it to the lower status of a purely intellectual *tour de force*:[9]

En discutant ainsi quelques-unes des Maximes du duc de La Rochefoucauld, je crois sentir, aussi bien que personne, combien elles sont ingénieuses; mais c'est parce qu'elles ne me paraissent qu'ingénieuses, que je les attaque. [II, 83]

Vauvenargues' harsh appraisal of La Rochefoucauld's *Maximes* does not negate the influence they exerted upon his

---

[9] Vauvenargues follows in the path of Voltaire, whose critique of Pascal's *Pensées* scored the latter's tendency towards 'faussetés admirablement déduites' and 'conclusions ingénieuses, qui ne peuvent servir qu'à faire briller l'esprit'. *Les Lettres philosophiques*, p. 142. Elsewhere, Voltaire had also passed judgement on La Rochefoucauld's *Maximes*, limiting their merit to ingenious virtuosity upon a sole theme: 'Quoi qu'il n'y ait presque qu'une vérité dans ce livre, qui est que *l'amour-propre est le mobile de tout*, cependant cette pensée se présente sous tant d'aspects variés, qu'elle est presque toujours piquante. C'est moins un livre que des matériaux pour orner un livre.' Voltaire, *Le Siècle de Louis XIV*, in his *Œuvres complètes* (Paris: Garnier, 1778), vol. 14, p. 541. As Raymond Naves noted in *Le Goût de Voltaire* (Paris, 1938; reprinted by Slatkine, Geneva, 1967), concerning Voltaire's evaluation of the *Maximes*, 'seuls les ouvrages suivis, où l'éloquence peut se donner libre carrière, sont à ses yeux des monuments de la littérature' (p. 352).

own writings. In his 'Critique . . .' he holds that those who apply themselves to trivial matters are *innately* incapable of great actions, while La Rochefoucauld stated that they *become* incapable of greatness (II, 79). Elsewhere Vauvenargues echoes La Rochefoucauld's original insight into this acquired disability, adding an inverse effect of greatness's allure disabling one for proper application to small details:

La plupart des hommes sont si resserrés dans la sphère de leur condition, qu'ils n'ont même pas le courage d'en sortir par leurs idées; et, si on en voit que la spéculation des grandes choses rend en quelque sorte incapable des petites, on en trouve davantage à qui la pratique des petites a ôté jusqu'au sentiment des grandes. [*Maxime* 230]

The applicability of this view of the conditioning effect of mediocrity could have severe implications for Vauvenargues if applied to his own disappointing military career, as Montesquieu's adaptation of the same thought in his *Lettres persanes* illustrates:

Nous avons une maxime en France, me répondit-il, c'est de n'élever jamais les officiers dont la patience a langui dans les emplois subalternes. Nous les regardons comme des gens . . . qui, par l'habitude des petites choses, sont devenus incapables des plus grandes.[10]

Vauvenargues did not pursue the pessimistic consequences of this view of the majority of men, but rather concentrated upon the courageous few who, like himself, chose the contemplation of greatness over more meticulous preoccupations.[11]

The following maxim was among those labelled 'communes' by Vauvenargues, only to be reborn in a new, personalised context:

[10] In his *Œuvres complètes*, p. 87.

[11] Vauvenargues' position on this point was often in a state of flux, depending upon the degree of enthusiasm which spurred him on to challenge the modest lot fortune had granted him, in proportion to the sense of disillusionment which misfortune generates. This tension is reflected in his *Réflexion* 'Contre la médiocrité': 'Lorsque le dédain et les manières de tout ce qui nous environnent concourent à nous abaisser, si l'on savait alors s'élever, se sentir, résister à la multitude. . . . Mais qui peut soutenir son esprit et son cœur au-dessus de sa condition?' (I, 71).

Quelque soin que l'on prenne de couvrir ses passions par des apparences de piété et d'honneur, elles paroissent toujours au travers de ces voiles. [*Maxime* 12]

In a *caractère* depicting Termosiris, 'ennemi-né de tous les hommes' (1, 304), Vauvenargues adapts La Rochefoucauld's insightful maxim for his own purposes:

Ne vous étonnez pas si vous voyez un homme de quelque esprit, qui n'en ait pas assez pour cacher ses vices: *les passions percent toujours à travers le voile dont on les couvre;* elles font tomber les plus éclairés dans des fautes aussi lourdes, et dans des piéges aussi grossiers, que s'ils n'avaient aucune lumière. [1, 303; italics added]

The thrust of the irony in this passage shows a shift in perspective. In Vauvenargues' adaptation of La Rochefoucauld's maxim to form part of the gallery of human portraits in his 'Essai sur quelques caractères', superficial piety and honour are no longer criticised; rather, it is the failure of wit to hide the upheaval of the passions which Vauvenargues emphasises.

The complex relation of imitation by reaction which binds Vauvenargues to La Rochefoucauld is illustrated by the latter's maxim, which is commonly considered to represent a social ideal of the seventeenth century: 'Le vrai honnête homme est celui qui ne se pique de rien' (*Maxime* 203). Vauvenargues treats this rare social value in the *Maximes* with the kind of withering analysis he may have felt his own cherished virtues and values had suffered at the hands of La Rochefoucauld: 'Ce mérite, si c'en est un, peut se rencontrer aussi dans un imbécile' (II, 82). Elsewhere Vauvenargues incorporates the same moral principle, inverted in order to constitute an admonition to his dear friend Hippolyte de Seytres: 'La plus grande de toutes les imprudences est de se piquer de quelque chose . . .' (II, 75).

Although Vauvenargues assumed the role of defender of humanity against what he felt were the misanthropic tendencies of La Rochefoucauld's writings, both writers brought to their task as *moralistes* qualities which suggest points of contact in their life and thought. La Rochefoucauld's self-portrait contains several elements which are in accord with the personality of Vauvenargues: 'J'ai quelque chose de chagrin et de fier dans la mine . . . je suis mélancolique . . . j'ai les sentiments

vertueux, les inclinations belles . . .' (I, 5-8). These traits were
shared by Vauvenargues, in particular melancholy (II, 137),
although he harboured 'quelque chose de chagrin et de fier' in
his heart rather than in his outward countenance.
The testimony of his intimate acquaintances provides a vivid
image of the youthful Prince de Marcillac:

Ses amis, ses ennemis politiques ont parlé de lui. Le trait qu'ils sont
d'accord à signaler chez lui, c'est la mélancolie, une humeur chagrine
et triste qui ne le disposait nullement à devenir un homme d'action.
Il a pourtant rêvé de jouer un grand rôle. Mais la vérité, c'est qu'il
se laissait mener par ses chimères, qu'il se compromit pour Mlle de
Hautefort en amoureux platonique et qu'il s'engagea dans la Fronde
par fidélité à un idéal de loyauté chevaleresque.[12]

The ambitious La Rochefoucauld of the Fronde offers a
marked contrast to the disabused *philosophe* whom Vauvenargues
found in the *Maximes*. The young Prince de Marcillac and the
ambitious Capitaine, although at different levels in the hierarchy
of polite society, both dared to reach beyond their grasp and
withstood personal setbacks which severely strained their
heroic idealism.[13] Perhaps Vauvenargues was spared the cruel-
lest trial of all in the struggle of idealism against pessimism,
that is, the loss of youth and ambitious hopes to which La

---

[12] Antoine Adam, *Histoire de la littérature française au XVIIème siècle*, IV
(Paris: Del Duca, 1958), p. 81. Voltaire recorded this chivalric aspect of
La Rochefoucauld in *Le Siècle de Louis XIV*, in his *Œuvres complètes*, ed.
Moland (Paris: Garnier, 1878), vol. 14, p. 192: 'On sait ces vers du duc
de La Rochefoucauld pour la duchesse de Longueville, lorsqu'il reçut au
combat de St. Antoine un coup de mousquet, qui lui fit perdre quelque
temps la vue: *Pour mériter son cœur, pour plaire à ses beaux yeux, | J'ai fait la
guerre aux rois; je l'aurais faite aux dieux.*'

[13] Saint-Evremond's commentary on the irony of La Rochefoucauld's
career prefigures Vauvenargues' own destiny: 'Il va trouver de la réputation où il trouvera peu d'intérêt; et sa mauvaise fortune fera paroîstre un
mérite à tout le monde, que la retenue de son humeur ne laissoit connoître
qu'aux plus délicats.' *Œuvres en prose* (Paris: Didier, 1966), vol. III, p. 262.
Similarly, D.-L. Gilbert's conclusion regarding La Rochefoucauld's path
to literary fame could be applied à Vauvenargues: 'Les hommes les mieux
doués ne se démêlent souvent que fort tard, ne se résignent à être eux-
mêmes que par une sorte de pis-aller, et que, s'ils passent à la postérité, ce
n'est pas toujours sous le personnage qu'ils avaient d'abord souhaité de
faire dans l'histoire!' (I, v).

Rochefoucauld was heir.[14]

La Rochefoucauld and Vauvenargues felt a similar pride in their self-esteem when confronted with obstacles to their *gloire*. La Rochefoucauld's violent reaction to Mazarin's duplicity in the matter of the *tabouret* stresses the unwillingness of those in power to recompense true merit: 'En l'obligeant [la Reine] de me montrer un oubli apparent de tous mes services, il lui débauchait insensiblement ses vrais serviteurs' (II, 155). Grandsaignes d'Hauterive sees in La Rochefoucauld's pervading pessimism a result of 'sa nature mélancolique . . . où revit la désespérance de toute une noblesse, refoulée et paralysée par la royauté'.[15] Although the political situation of the nobility had stabilised considerably since the follies of the Fronde, Vauvenargues still had reason to feel the sting of the indifference, if not ingratitude, of another *ministre*:

Monseigneur [Amelot], me permettez-vous de vous dire que c'est cette impossibilité morale ou se trouve un gentilhomme, qui n'a que du zèle, de parvenir jusqu'à son maître, qui fait le découragement que l'on remarque parmi la noblesse des provinces, et qui éteint toute émulation. [II, 265]

The causes differ, but the haughty expression of disappointment on the part of Vauvenargues resembles that of La Rochefoucauld.

The marked changes in La Rochefoucauld's career from rebel to 'factieux assagi'[16] moulded his moral outlook and made possible the varied interpretations of his personal philosophy, from uncompromising Jansenism to an elitist humanism:

In the active period of his life he acted a typically Cornelian part, but by the time he came to write he had undergone the influence of Port-Royal. The result is curiously paradoxical; like his Jansenist friends he takes a gloomy view of ordinary unregenerate humanity, and in condemning *vertu païenne* in such detail he makes nonsense of the claims to our admiration of, for example, Auguste; by suppressing all references to God and grace he seems to put his excep-

[14] Vauvenargues published his unique volume of works at the age of thirty-one, one year before his premature death in 1747. The *Maximes* were first published by La Rochefoucauld when he was fifty-two.

[15] Grandsaignes d'Hauterive, *Le Pessimisme de La Rochefoucauld*, p. 209.

[16] Dominique Secretan (ed.), La Rochefoucauld's *Réflexions ou sentences et maximes morales* (Geneva: Droz, 1967), 'Introduction', p. xv.

tional cases of true friendship, 'honnêteté' and so on into a superior category, but one apparently still based on human, not divine gifts.[17]

Aside from token acknowledgement of theological transcendence in the realm of moral philosophy, Vauvenargues and La Rochefoucauld are clearly humanists in the sense that they are dedicated to the study of man within his earthly limitations. And yet Vauvenargues perceives that La Rochefoucauld's denunciation of accepted human values and virtues implies unjust, super-human criteria. Thus Vauvenargues counters La Rochefoucauld's criticism of those who rely upon the opinion of others to secure glory:

Quand nous nous remettons de notre gloire au jugement des hommes, c'est que nous ne pouvons l'obtenir que des hommes, et qu'il n'existe pas pour nous d'autre tribunal: encore se trouve-t-il des opiniâtrés qui en appellent à la postérité. [II, 83]

Despite his individualism and his distrust of majority opinion, Vauvenargues accepted the liabilities and promise of the human condition with a feeling of confidence which is absent in La Rochefoucauld's works. This essential difference is best seen in the opposed tones of their moral teachings. La Rochefoucauld unmasks false virtues in a way which is both enlightening and disheartening. Vauvenargues, on the contrary, would convince us of the reality of virtue and stir us to the courageous use of our individual, natural resources. Vauvenargues has been termed a 'saint laïque'[18] who offered a brave example of the pursuit of earthly *gloire*. La Rochefoucauld may well be considered a 'confesseur laïque', who sees confession of faults as the key to moral absolution: 'On doit se consoler de ses fautes quand on a la force de les avouer' (I, 267).[19] Although this maxim was eventually suppressed (1675), the same idea

[17] A. J. Krailsheimer, *Studies in Self-interest from Descartes to La Bruyère* (Oxford: Clarendon Press, 1962), p. 96.

[18] G. Ascoli, 'Vauvenargues', *RCC*, xxiv, No. 1, 1923, pp. 827-38.

[19] La Rochefoucauld, I, 267, note 1: Gilbert cites the following *Supplément* of the 1693 edition (No. 40), in which confession takes on a redeeming power: 'Les fautes sont toujours pardonnables quand on a la force de les avouer.' The definitive 1678 edition expressed a similar need for candour: 'On n'a guère de défauts qui ne soient plus pardonnables que les moyens dont on se sert pour les cacher' (*Maxime* 412).

distinguishes La Rochefoucauld's moral Tartuffe from his social ideal:

Les faux honnêtes gens sont ceux qui déguisent leurs défauts aux autres et à eux-mêmes; les vrais honnêtes gens sont ceux qui les connaissent parfaitement, et les confessent. [*Maxime* 202]

The ideal projected by La Rochefoucauld finds its counterpart in the thought of his contemporaries. Madame de Sablé expressed her admiration in these terms:

C'est une force d'esprit d'avouer sincèrement nos défauts et nos perfections; et c'est une foiblesse de ne pas demeurer d'accord du bien ou du mal qui est en nous.[20]

In his self-portrait La Rochefoucauld asserts his ability and willingness to demonstrate just such candour:

Je me suis assez étudié pour me bien connaître, et je ne manque ni d'assurance pour dire librement ce que je puis avoir de bonnes qualités, ni de sincérité, pour avouer franchement ce que j'ai de défauts. [1, 6]

True sincerity assumes two traits which La Rochefoucauld admired most highly: self-knowledge and courage. La Rochefoucauld's brand of frankness requires strength of character: 'Les personnes faibles ne peuvent être sincères' (*Maxime* 316).

The image of La Rochefoucauld as father confessor is not as consoling as that of Vauvenargues' exemplary virtue because the instrument of salvation in this analogy, 'La Franchise' (also a pseudonym for La Rochefoucauld during the Fronde) is not wholly efficacious. It may help to attenuate our guilt, but it cannot free us from the bonds of our frail human condition. Although a requirement for true *honnêteté*, it may have such a disquieting effect upon our sense of well-being that the subversion of clairvoyance becomes a blessing.[21] We would thus

[20] Cited by Gilbert in his edition of La Rochefoucauld's *Œuvres*, I, 110, note 4. The same note also cites parallel expressions of esteem for the acknowledgement of one's faults in Pascal and Méré.

[21] La Rochefoucauld, I, 45: 'Il semble que la nature qui a si sagement disposé les organes de notre corps pour nous rendre heureux nous ait aussi donné l'orgueil pour nous épargner la douleur de connaître nos imperfections.'

do well at times to restrain our frankness:

> Détromper un homme préoccupé de son mérite est lui rendre un
> aussi mauvais office que celui que l'on rendit à ce fou d'Athènes,
> qui croyait que tous les vaisseaux qui arrivaient dans le port étaient
> à lui. [*Maxime* 92]

Vauvenargues takes the position of a more rigorous Alceste
vis-à-vis the Philinte in La Rochefoucauld:

> Détrompez un homme de la fausse idée de son mérite, c'est le
> guérir de la présomption, qui fait commettre les fautes les plus
> sottes et les plus nuisibles. [II, 81]

Although lucidity was a virtue of the highest order in the
moral system of La Rochefoucauld,[22] he did not always share
Vauvenargues' confidence in its beneficial effect. La Rochefoucauld had a greater sense of the burden of disillusionment which
may accompany discernment of the truth.

Vauvenargues may have been too hasty in his criticism of
La Rochefoucauld's attitude toward the utility of disillusionment. A maxim suppressed after the first edition shows La
Rochefoucauld's conviction that illusions are the source of
man's most persistent mistakes:

> L'aveuglement des hommes est le plus dangereux effet de leur
> orgueil: il sert à le nourrir et à l'augmenter, et nous ôte la connois-
> sance des remèdes qui pourroient soulager nos misères et nous
> guérir de nos défauts. [*Maxime* 585]

While the revelation of the truth may be a painful, disappointing
experience, it is only at this price that men preoccupied with
their own importance can be cured of their folly and thereby
avoid the dangers engendered by over-confident pride. Such a

---

[22] Antoine Adam stated most succinctly the importance of such
sincerity: 'Point d'honnêteté authentique si nous ne connaissons pas nos
défauts, si nous ne les avouons pas. Ce livre, en apparence cruel, est une
merveilleuse leçon de courage intellectuel, et par conséquent, d'énergie
morale.' *Littérature française*, vol. 1 (Paris: Larousse, 1967), p. 229.
Daniel Mornet notes an analogous commitment to lucidity in Vauvenargues: 'Tout l'effort de sa vie a été de se comprendre lui-même et son
idéal est une volonté lucide . . . ses idées ne sont plus classiques, mais sa
méthode l'est encore.' *La Pensée française au XVIIIème siècle* (Paris: Colin,
1965), p. 15.

sane view of oneself, deflated though it may be, is the only attitude commensurate with true *honnêteté*, and social utility.[23]

One modern critic, Morris Bishop, goes as far as to view most of La Rochefoucauld's *Maximes* as confessions:

> Most of his generalizations are, I think, confessions. . . . La Rochefoucauld parades before us his stoic coldness, but in fact he reveals his own exasperated sensibility, the suffering of disillusion.[24]

This sincerity, like the virtues which survive the critical examination of the *Maximes*, is a rare quality found only in an elite; in the majority of men it is a ruse of self-interest (*Maxime* 62). La Rochefoucauld's fifth *Réflexion*, 'De la confiance', reaffirms the existence of true candour and its beneficial properties:

> La sincérité est une ouverture de cœur, qui nous montre tels que nous sommes; c'est un amour de la vérité, une répugnance à se déguiser, un désir de se dédommager de ses défauts, et de les diminuer même par le mérite de les avouer. [1, 294-5]

La Rochefoucauld surpasses Vauvenargues in his personal commitment to confession. For him it is the test of veritable *honnêteté*, while for Vauvenargues it implies a submission which is foreign to his ideal of psychological domination. For a moment Vauvenargues resembles Machiavelli, while it is La Rochefoucauld who seems to extend the moral rule of candour to its logical conclusion. In accord with his goal of domination of men's hearts and minds, Vauvenargues imagines the ideal of being at once penetrating and impenetrable in social intercourse.[25]

---

[23] 'Nous gagnerions plus de nous laisser voir tels que nous sommes, que d'essayer de paroître ce que nous ne sommes pas' (*Maxime* 457).

[24] *The Life and Adventures of La Rochefoucauld* (Ithaca: Cornell University Press, 1951), p. 257.

[25] This is a *Leitmotiv* which appears throughout Vauvenargues' works, especially in the 'Essai sur quelques caractères'. Almost every *caractère* with a glimmer of merit is qualified as penetrating or impenetrable. The combination of these attributes, as in the example of Cyrus (1, 331), is a key to psychological domination of others which fascinated Vauvenargues and inspired some of his most 'romanesque' characters. At times his other portrayals resemble the Balzacian image of an inscrutable yet omniscient observer, such as Vautrin, who at a glance discovers the secrets of the very minds of others: 'Il [Théophile, ou l'*Esprit profond*] tourne, il manie

Sincerity is an overt, active expression of that supreme quality possessed by all great *moralistes*: psychological penetration. This is the kind of clairvoyance and perceptive discernment of man's motives and aspirations which is perhaps the greatest asset of any *moraliste*. However, its purpose is usually subordinated to the ultimate goals of the individual observer. Thus Pascal and Vauvenargues see a positive value in introspection, but disagree as to its effects and highest purpose. For the Port-Royalists introspection, like the psychological probing into the actions of others, is a humbling experience which puts one face-to-face with man's corrupt nature. Pascal would leave us no recourse in this clear-sighted confrontation with man's depravity but the hope of salvation through the action of divine grace. Vauvenargues rejects both the devastating effects of such a view and its metaphysical conclusion. While La Rochefoucauld may seem to profess a perspective which is not too far removed from Pascal's,[26] his writings do not illustrate the all-important spiritual leap from the deep realisation of man's sorry lot to the need for divine salvation.

Vauvenargues does not categorically deny the possibility that La Rochefoucauld may have been aware of man's strength as well as his weaknesses, in which eventuality the purpose of the *Maximes* would be limited to unmasking 'la fausse sagesse' (II, 75). Although such a hypothesis, should it prove to be correct, ultimately tends to reconcile their seemingly divergent approaches to the study of man, Vauvenargues does not pursue this thought. Unlike modern critics, such as Paul Bénichou, who are most concerned with 'L'Intention des *Maximes*,'[27]

---

un esprit, il le feuillette, si j'ose ainsi dire, comme on parcourt un livre qu'on a dans ses mains, et qu'on ouvre à l'endroit qu'il plaît; et cela d'un air si naïf, si peu préparé, si rapide, que ceux qu'il a surpris par ses paroles se flattent eux-mêmes de lire ses plus secrètes pensées' (I, 333).

[26] La Rochefoucauld, *Œuvres*, I, 'Préface de la conquième édition' (1678), p. 30: '. . . l'auteur n'a considéré les hommes que dans cet état déplorable de la nature corrompue par le péché . . . la manière dont il parle de ce nombre infini de défauts qui se rencontrent dans leurs vertus apparentes, ne regarde point ceux que Dieu en préserve par une grâce particulière.'

[27] *L'Ecrivain et ses travaux* (Paris: Corti, 1967), pp. 3-37.

Vauvenargues' negative reactions to La Rochefoucauld are
intensified by the Marquis's preoccupation with the on-going
nihilistic effect of his predecessor's book. From this practical
point of view, Vauvenargues concentrated upon correcting
this pernicious influence of the *Maximes* on his contemporaries.
In his treatment of most other seventeenth-century writers
Vauvenargues usually evaluates their literary talent by his own
aesthetic ideal of eloquence.[28] For La Rochefoucauld alone
Vauvenargues felt obliged to express his opposition in a formal
'Critique de quelques maximes du duc de La Rochefoucauld'.
   In addition to the maxims singled out for adverse criticism
in the 'Critique . . .' Gilbert notes twenty-four others Vauvenargues found 'communes par leur fond, ou par la manière
dont elles sont exprimées', adding this personal commentary
on Vauvenargues' severity toward his arch-rival's work: 'Nous
avons relu avec soin ces Maximes, mises au rebut par Vauvenargues, et nous devons dire que nous serions bien fâché
qu'il eût été aussi sévère pour lui-même, qu'il l'est, ici, pour La
Rochefoucauld' (II, 84, note 1). Vauvenargues' unusually harsh
reaction may be a manifestation of the shortcomings which
make men practically incapable of universally good taste, according to La Rochefoucauld: 'Nos connaissances sont trop
bornées, et cette juste disposition des qualités qui font bien
juger ne se maintient d'ordinaire que sur ce qui ne nous regarde
pas directement' (I, 306). If we accept this general fallibility of
the critic, Vauvenargues' 'Critique . . .' may reflect the intellectual limitations and personal involvement La Rochefoucauld described.
   It would be an oversimplification to attribute Vauvenargues'
austere appraisal of La Rochefoucauld's *Maximes* to his limited
experience in the world of intrigue and ambitious action; the

[28] See Ariadna Foureman's dissertation, 'Vauvenargues: esthéticien,
critique littéraire et écrivain' (Ann Arbor: University Microfilms, 1968,
pp. 91-2; also Henri Mydlarski's dissertation, 'Vauvenargues, théoricien
et critique littéraire: un bilan de sa critique' Ann Arbor: University
Microfilms, 1969), ch. VI, 'Le XVIIème siècle: prose ou "éloquence",
pp. 171-233. Vauvenargues noted in his 'Critique . . .' that La Rochefoucauld 'n'était pas peintre, talent sans lequel il est bien difficile d'être
éloquent . . . il sera toujours dans le premier rang des philosophes qui ont
su écrire' (II, 76).

temptation to say that La Rochefoucauld knew social man better
through a longer, more direct experience still would not satis-
factorily account for the individual, artistic interpretations of
their experiences. Modern scholarship has, however, discovered
important additions to La Rochefoucauld's works, and docu-
ments relative to his thought, which broaden the outlook of
the attentive reader. The *Réflexions diverses* and the 'Lettre de
Méré', in particular, provide information which has led scholars,
since Sainte-Beuve,[29] to give greater weight to a positive
interpretation of La Rochefoucauld's moral philosophy.[30] And
yet the new data have not eliminated the points of obscurity
which have fascinated those who have pondered the life and
works of La Rochefoucauld to the present day. Vauvenargues'
criticism of the one-sided character of La Rochefoucauld's
maxims forms part of the majority opinion against La Rochefoucauld's moral perspective: 'La Bruyère réduit La Rochefoucauld à n'être qu'une intelligence négative . . . voilà tracé le
cadre fixe où s'inscriront désormais tous les jugements sur La
Rochefoucauld.'[31]

[29] Sainte-Beuve recommends the inclusion of these new materials in
subsequent editions of La Rochefoucauld, *Derniers Portraits littéraires*
(Paris: Didier, 1858); Gilbert and Chassang follow this advice in the
belief that such additions will enhance their editions of his collected
works and shed new light on La Rochefoucauld's thought: see 1, 271-8,
and A. Chassang (ed.), *Œuvres complètes de La Rochefoucauld* (Paris: Garnier,
1883-84), vol. 2, pp. 279-81.

[30] Modern criticism abounds in positive interpretations of elements in
La Rochefoucauld's morality: Antoine Adam, *Histoire de la littérature
française au XVIIe siècle*, t. IV, pp. 73-106; W. G. Moore, *La Rochefoucauld:
his Mind and Art* (Oxford: Clarendon Press, 1969); Dominique Secretan
(ed.), *La Rochefoucauld, Réflexions ou sentences et maximes morales* (Geneva:
Droz, 1967), 'Notice sur les Réflexions diverses', p. 201; Louis Hippeau,
Essai sur la morale de La Rochefoucauld (Paris: Nizet, 1967); Paul Bénichou,
'L'Intention des "Maximes" ', in his *L'Ecrivain et ses travaux*; Jacques
Truchet (ed.), *La Rochefoucauld, "Maximes", suivies des Réflexions diverses, du
Portrait de La Rochefoucauld par lui-même et des Remarques de Christine de
Suède sur les Maximes* (Paris: Garnier, 1967), pp. lxvii-lxviii.

[31] Hippeau, *Essai sur la morale de La Rochefoucauld*, p. 243. La Bruyère, in
his 'Discours sur Théophraste', gave the following account of La
Rochefoucauld's *Maximes:* 'Observant que l'amour-propre est dans
l'homme la cause de tous ses faibles, [il] l'attaque sans relâche, quelque
part où il le trouve; et cette unique pensée, comme multipliée en mille

The current study will attempt to go beyond the traditional opposition noted in the relationship between La Rochefoucauld and Vauvenargues in order to discern more clearly the positive points of contact and divergence in their thought.

---

manières différentes, à toujours, par le choix des mots et par la variété de l'expression, la grâce de la nouveauté.' In *Les Caractères ou Mœurs de ce siècle* (Paris: Garnier, 1962), p. 15.

II

Reason and sentiment

The study of the relation between reason and sentiment for La Rochefoucauld and Vauvenargues poses an initial problem of definition. This is illustrated by a standard meaning of the term *raison* by Littré: 'Faculté par laquelle l'homme connaît, juge et se conduit.'[1] Both masters of the maxim form give ample indication of their belief that *sentiment*, the 'faculté de sentir',[2] especially in its intense expression by means of the passions, is the dominant mode of knowing, judging and acting.[3]

Before attempting to demonstrate how sentiment comes to perform some of the traditional functions of reason, we must elucidate the sense which La Rochefoucauld and Vauvenargues attach to these terms. Reason has a dual potential for both writers, detectable in the distinction they make at times between *raison* and *esprit*:

[1] Emile Littré, *Dictionnaire de la langue française*, abrégé par A. Beaujean (Paris: Editions Universitaires, 1958), p. 1001. This is, of course, but one definition of reason. The very ambiguity and complexity of the word requires some limitations, lest we conclude with Montaigne that 'la raison a tant de formes, que nous ne sçavons à laquelle nous prendre'. *Essais* (Paris: Alcan, 1931), III, ch. 13, p. 563.

[2] Littré, *op. cit.*, p. 1123.

[3] The degree of semantic ambiguity in the use of the terms *esprit, raison, cœur* and *sentiment* exhibited in Vauvenargues is representative of a trend which becomes dominant in the mid-eighteenth century: 'For some, these different modes of revelation were believed to be identical; for others, distinct, but equally valid. Only those who were able to make a final choice between them rid their thought of inconsistency and confusion. It was, however, only a minority among the "philosophes" who successfully escaped from the dilemma; and this minority . . . sacrificed their influence to their consistency.' Charles Vereker, *Eighteenth-century Optimism: a Study of the Interrelations of Moral and Social Theory in English and French Thought between 1689 and 1789* (Liverpool: University Press, 1967), p. 162.

L'esprit de la plupart des femmes sert plus à fortifier leur folie que leur raison. [La Rochefoucauld, *Maxime* 340]

L'esprit nous sert quelquefois à faire hardiment des sottises. [*Id.*, *Maxime* 415[4]]

Sans justesse, on est d'autant moins raisonnable qu'on a plus d'esprit. [Vauvenargues, *Maxime* 806[5]]

In his *Réflexions diverses* La Rochefoucauld stresses the need for *justesse* if *esprit* and *raison* are to be harmonised. In this context it becomes clear that reason is, ideally, the natural means by which the 'honnêtes gens' avoid falsehood (1, 313). *Esprit* can conform fully to the natural character of an individual, but often it is based on a distorted image of self and of others (1, 312).

For Vauvenargues as well, a natural form of reason, in proportion to each man's character, should serve as a guide in life (1, 52 and 389). Reason can also take the form of artificial, speculative *raisonnement* or *opinion* instead of its higher function as a natural instinct.[6] Social wit, *le bel esprit*, is a prime target of Vauvenargues, since he felt that this was a predominant source

---

[4] See also La Rochefoucauld's *Maxime* 451: 'Il n'y a point de sots si incommodes que ceux qui ont de l'esprit.'

[5] In his 'Discours sur les mœurs du siècle' Vauvenargues elaborated on the pitfalls of unreasonable, shallow wit: 'Je ne crains pas la raillerie de ceux qui n'ont d'esprit que pour tourner en ridicule la raison, ni le goût dépravé de ceux qui n'estiment rien de solide; je dis, sans détour et sans art, ce que je crois vrai et utile' (1, 167). The artificiality civilisation elicits in men may have served only to lead them astray from natural, un-tutored reason: 'J'ose dire que nous avons changé en artifices cette imitation de la belle nature qui en était l'objet. Nous abusons de même du raisonnement; en subtilisant sans justesse, nous nous écartons plus peut-être de la vérité par le savoir, qu'on ne l'a jamais fait par l'ignorance.' (1, 169.)

[6] Fernand Vial notes (*Une Philosophie et une morale du sentiment: Luc de Clapiers, marquis de Vauvenargues* (Paris: Droz, 1938), p. 104) this qualita-tive différenciation of two aspects of reason by Vauvenargues: 'La raison louée par Vauvenargues, par opposition à cette autre raison rendue responsable de toutes nos erreurs . . . est la raison pratique, que nous devons consulter à chaque instant dans l'organisation de notre

of error in the polite society of his time.[7] *Sentiment* is incapable
of such alienation, since it has its origin in the individual's
innate sense of being.[8]

Although no barrier separates them, it is also useful for the
present discussion to take note of the difference of intensity
between *sentiment* and *passion* which Fernand Vial applied to
Vauvenargues:

De même que la nature est la source de l'instinct et du sentiment, le
sentiment est le commencement ou pour mieux dire la matière de
la passion. . . . L'un et l'autre en effet sont des états de sensibilité et
différent plus par des degrés d'intensité que par leur nature
respective.[9]

Accordingly, we will first focus our attention on *sentiment*,
especially with respect to reason, and later view its ramifications
in *cœur*, *âme* and *passions*.

Paul Bénichou traced the movement of naturalistic writers of
the seventeenth century, exemplified by La Rochefoucauld, who
challenged the classical and Cartesian ideal of rational control
over man's affectivity:

Leur œuvre psychologique se caractérise avant tout par la défiance
à l'égard du sentiment intérieur. . . . Cette psychologie nouvelle va
comporter un bouleversement complet des rapports entre l'instinct
brut et l'intelligence, entre le cœur et l'esprit. L'esprit, ou la raison,
au lieu d'accompagner et d'éclairer l'épuration de l'affectivité, ne
servent plus qu'à en dissimuler les hontes. L'intellect, le serviteur
conscient de la gloire, devient l'instrument aveugle de l'égoïsme.[10]

The subtle workings of inner feelings make it nearly impossible

---

existence quotidienne: l'autre est la raison spéculative et orgueilleuse. . . .
Celle-là ne diffère pas substantiellement de l'instinct et du sentiment.
Vauvenargues souvent ne les a pas distingués: "Le bon instinct n'a pas
besoin de la raison, mais la donne." ' (*Maxime* 128.)

[7] See *supra*, ch. I, note 6.

[8] Following Locke, Vauvenargues finds the source of all affectivity in
this pleasure–pain principle: 'Nous éprouvons, en naissant, ces deux
états: le plaisir, parce qu'il est naturellement attaché à être; la douleur,
parce qu'elle tient à être imparfaitement' (1, 27). All human feelings and
passions are traced to this existential source.

[9] *Une Philosophie et une morale du sentiment*, p. 120.

[10] *Morales du grand siècle*, pp. 105-106.

for reason to comprehend, much less govern, human conduct:

L'homme croit souvent se conduire lorsqu'il est conduit, et pendant que par son esprit il tend à un but, son cœur l'entraîne insensiblement à un autre. [*Maxime* 43]

The basis of this weakness of the mind in fending off the wiles of sentiment is man's loss of clairvoyance once his gaze centres on the emotions: 'Tous ceux qui connaissent leur esprit ne connaissent pas leur cœur' (*Maxime* 103). Control implies mental awareness, which is more readily achieved in the study of the mind than in the probing of the human heart. Our greater familiarity with rational processes gives us the illusion that our actions respond to intellectual rule. The result of this blindness to the influence exerted by sentiment is the final obliteration of any hope of intellectual dominance over feeling: 'L'esprit est toujours la dupe du cœur' (*Maxime* 102).

The theme of the conflicting claims of reason and feeling to determine man's actions is echoed in Pascal: 'Ces deux principes de vérités, la raison et les sens, outre qu'ils manquent chacun de sincerité, s'abusent réciproquement l'un l'autre.'[11] La Bruyère also stresses the 'mésintelligence entre l'esprit et le cœur'.[12] For La Rochefoucauld the victory of sentiment is an ironic defeat for man, since 'nos sentiments ne sont que faiblesse' (*Maxime* 504).

For La Rochefoucauld the irrational element in man remains, in general, a source of error, internal disorder, degradation and corruption. In a posthumous maxim we find this unflattering analysis of man's affective life:

Une preuve convaincante que l'homme n'a pas été créé comme il est, c'est que, plus il devient raisonnable, et plus il rougit en lui-même de l'extravagance, de la bassesse et de la corruption de ses sentiments et de ses inclinations. [*Maxime* 523]

[11] Blaise Pascal, *Pensées*, in *Œuvres complètes* (Paris: Bibliothèque de la Pléiade, Gallimard, 1964), p. 1113, *Pensée* 92 (Br. 83). Pascal, like La Rochefoucauld, suggests the ultimate submission of reason to *sentiment*: 'Tout notre raisonnement se réduit à céder au sentiment' (p. 1221, *Pensée* 474 (Br. 274)).

[12] Jean de La Bruyère, *Caractères* (Paris: Classiques Garnier, 1964), p. 327.

Vauvenargues shares some of La Rochefoucauld's assumptions about reason and sentiment while reaching different conclusions concerning man's condition. Vauvenargues was aware of the persuasive powers of feeling, which suspend our suspicions and thus could be used to fool others:

Le sentiment ne nous est pas suspect de fausseté. [*Maxime* 367]

Il est aisé de tromper les plus habiles, en leur proposant des choses qui passent leur esprit, et qui intéressent leur cœur. [*Maxime* 319]

But sentiment is not basically a 'puissance trompeuse'. Reason, which in its artificial form can be alien to nature, is a greater source of error. Therefore sentiment is to be followed spontaneously by Vauvenargues' elite before such stimulus to good acts cools or submits to some form of rationalisation:

En toute occasion, quand vous vous sentirez porté vers quelque bien, lorsque votre beau naturel vous sollicitera pour les misérables, hâtez-vous de vous satisfaire; craignez que le temps, le conseil, n'emportent ces bons sentiments, et n'exposez pas votre cœur à perdre un si cher avantage. [I, 123]

The guideline for determining the kind of reason referred to in any given context is its relation to nature: 'La raison qui n'est pas fondée sur la nature n'est qu'illusion' (I, 185, note 1). This is the kind of reason which leads men astray or consumes their energies in the pursuit of 'sciences purement curieuses' (I, 2, note 2).[13] Vauvenargues reveals a confidence in the basic goodness of human nature in the above-cited expressions 'beau

[13] Montaigne voiced a similar view of the futility of cultivating an artificial kind of reason: 'La plus part des instructions de la science à nous encourager ont plus de montre que de force, et plus d'ornement que de fruict. Nous avons abandonné nature et luy voulons apprendre sa leçon, elle qui nous menoit si heureusement et si seurement. . . . et cette raison qui se manie à notre poste, trouvant tousjours quelque diversité et nouvelleté, ne laisse chez nous aucune trace apparente de la nature. Et en ont faict les hommes comme les parfumiers de l'huile: ils l'ont sophistiquée de tant d'argumentations et de discours appellez du dehors, qu'elle en est devenue variable et particulière à chacun, et a perdu son propre visage, constant et universel, et nous faut en chercher tesmoignage des bestes, non subject à faveur, corruption, ny à diversité d'opinions.' *Essais* (Paris: Alcan, 1931), vol. III, livre III, ch. 12, pp. 531-2.

naturel' and 'bons sentiments'. This faith in the wholesomeness of sentiment is axiomatic for Vauvenargues. La Rochefoucauld, on the contrary, assumes that sentiment reflects man's inner corruption.

Although Vauvenargues admires instinctive reason, he is ever cautious to warn against its misuse in the guise of progress: 'Le raisonnement nous écarte quelquefois de la raison' (I, 427). Vauvenargues considers sentiment the most indelible element in human nature, as his seventh *Dialogue* between an uncivilised American and a cultured Portuguese illustrates:

Le Portugais. Je parle ici de la nature de l'homme, qui n'est autre chose que le concours de son instinct et de sa raison.
L'Américain. Mais nous appelons la nature le sentiment, et non la raison.
Le Portugais. Est-ce que la raison n'est pas naturelle à l'homme, comme le sentiment: N'est-il pas né pour réfléchir, comme pour sentir? et sa nature n'est-elle pas composée de ces deux qualités?
L'Américain. Oui, j'en veux bien convenir, mais je crois qu'il y a un certain degré, au-delà duquel la raison s'égare lorsqu'elle veut pénétrer. Je crois que le genre humain est parvenu de bonne heure à ce point de lumière, qui est à la raison ce que le maturité est aux fruits.   [II, 25]

Thus the advantage Vauvenargues accords sentiment lies in its universal identity with man's inner being:[14] 'Il n'y a rien donc contre le sentiment ou la nature'[15] (I, 428). Reason's limited

[14] In a letter to Mirabeau dated 9 April 1739 Vauvenargues revealed the dominant role played by sentiment in his own life: 'Je conviens, mon cher Mirabeau, que je suis un homme faible, qui se conduit par sentiment, qui lui soumet sa liberté, et qui ne veut que par lui; ma raison m'est inutile: elle est comme un miroir, où je vois mes faiblesses, mais qui ne les corrige point' (II, 122). If indeed sentiment as a guide to action may have been a source of weakness in Vauvenargues' military career (false modesty aside), it generated the forcible eloquence which earned him posthumous glory: 'La force vient aussi d'abord du sentiment et se caractérise par le tour de l'expression' (I, 13).
[15] This affirmation, somewhat enigmatic in its terse expression in *Maxime* 360, is elucidated by *Maxime* 361, which criticises the tendency to impose roles and limitations on human nature. Thus nature and sentiment triumph over the artificial restrictions of opinion by creating authentic

perfectibility is not so much an advantage as a danger, since it is liable to lose its natural lustre under the over-zealous influence of intellectual curiosity or the belief in progress.

It is in the light of Vauvenargues' association of sentiment with nature that we must interpret the following maxim: 'La raison nous trompe plus souvent que la nature' (*Maxime* 123). The implication is that, in cases of conflict, reason is less reliable as a guide to action than is sentiment.[16] This is the first of a series of maxims which re-work the terms of the criticisms of reason by La Rochefoucauld and Pascal.[17] Vauvenargues wanted to adapt their attack on the omnipotence of human reason to his own struggle against the worshippers of wit in Parisian worldly circles. The dominance of irrational sentiment is justified because it is a direct manifestation of nature. Immediate transmission of sense perception is stronger and surer when translated through the heart rather than through the more complex agency of reflection: 'Le sentiment a toujours

---

characters whose pretentions run counter to their social image: 'La nature se joue de nos petites règles; elle sort de l'enceinte trop étroite de nos opinions, et fait des femmes savantes ou des rois poètes, en dépit de toutes nos entraves' (1, 428).

[16] Gilbert notes the ambivalence of Vauvenargues' vocabulary, evident in this maxim, and the author's preference for the immediate and instinctive mode of knowing characterised by sentiment: 'Vauvenargues entend par *nature*, le *sentiment*, l'*instinct*, ou le *cœur*, et par *raison*, la *réflexion*, le *raisonnement* ou le *conseil*, et il emploie indifféremment ces termes les uns pour les autres. On peut dire que sa théorie morale repose tout entière sur la subordination du mouvement *réfléchi*, dont il tient peu de compte, au mouvement *instinctif*, qu'il met au-dessus de tout.' (1, 385, note 1.)

[17] The following *Pensée* exemplifies the line of reasoning on the relation of reason and sentiment which Vauvenargues adapted for his own secular purposes: 'La raison agit avec lenteur, et avec tant de vues et de principes différents qu'elle doit avoir toujours présents, qu'à toute heure elle s'assoupit ou elle s'égare, faute de les voir tous à la fois. Il n'en est pas ainsi du sentiment; il agit en un instant, et toujours est prêt à agir. Il faut donc, après avoir connu la vérité par la raison, tâcher de la sentir, et de mettre notre foi dans le sentiment du cœur; autrement elle sera toujours vacillante.' *Œuvres complètes* (Bibliothèque de la Pléiade), *Pensée* 470 (Br. 252), p. 1220.

précédé la réflexion et en a été le premier maître' (1, 390).[18] This essential difference in modes of knowing explains, in part, our inability to understand rationally the workings of the heart: 'La raison ne connaît pas les intérêts du cœur' (1, 385).

For Vauvenargues the preoccupations of the heart do not necessarily lead to a humiliating subversion of the 'higher' faculties of man. Both have a practical and moral obligation to impel man to action:

La raison et le sentiment se conseillent et se suppléent tour à tour. Quiconque ne consulte qu'un des deux et renonce à l'autre, se prive inconsidérément d'une partie des secours qui nous ont été accordés pour nous conduire. [1, 389]

In this active partnership the heart is accorded the ethically dominant function of setting the priorities for action, despite Voltaire's disapproval.[19] The mind's task is to plan the strategy necessary to implement these goals: 'C'est à notre cœur à régler le rang de nos intérêts, et à notre raison de les conduire' (*Maxime* 306). Since the most astutely executed designs are at the mercy of fortune, men are to be measured 'par leurs sentiments et par leur génie', not merely by an objective appraisal of their actions (1, 106). Often in Vauvenargues we find that sentiment takes up the evaluating function which La Rochefoucauld considered rightfully belonged to reason: 'Il faut que la raison et le bon sens mettent le prix aux choses, et déterminent notre goût à leur donner le rang qu'elles méritent et qu'il nous convient de leur donner . . .' (1, 314). Those actions which can be traced to sentiment, independent of reason's control, forfeit their moral value: 'La persévérance n'est digne ni de blâme, ni de louange, parce qu'elle n'est que la durée des goûts et des sentiments qu'on ne s'ôte et qu'on ne se donne point' (*Maxime* 177).

[18] This preponderance of sentiment is a natural corollary of the effective superiority of sensuous communication: 'Les idées qui viennent par les sens sont infiniment plus puissantes que les vues de la réflexion. . . .' (1, 42.)

[19] Commenting on *Maxime* 306 (in Vauvenargues, *Œuvres*, p. 419 and note 1), Voltaire added this laconic note: 'Mauvais'. Vauvenargues finds valid moral directives in both *cœur* (*Maximes* 294 and 297) and *raison* (*Maximes* 292 and 293).

In his *Réflexion* 'La Raison n'est pas juge du sentiment'
Vauvenargues shows that sentiment should be called upon to
pass judgement not only in matters concerning taste but in all
things which do not emanate from the intellect, including all
the passions:

Je pratique ce que je dis: je porte rarement au tribunal de la raison
la cause du sentiment; je sais que le sang-froid et la passion ne
pèsent pas les choses à la même balance, et que l'un et l'autre s'accu-
sent avec trop de partialité. Ainsi, quand il m'arrive de me repentir
de quelque chose que j'ai fait par sentiment, je tâche de me consoler
en pensant que j'en juge mal par réflexion, que je ferais la même
chose, en dépit du raisonnement, si la même passion me reprenait,
et que peut-être je ferais bien; car on est souvent très-injuste pour
soi-même, et l'on se condamne à tort. [1, 94]

In a passage entitled 'Sur la morale et la physique' Vauvenargues seeks to show that, contrary to the opinion of the
partisans of physics, ethics has the advantage of being the more
readily knowable and reliable science. The relative simplicity
and natural character of ethics accounts for its greater perfection and practicality (1, 110). Vauvenargues cites Pascal's
view of the two infinities as proof of the incertitude of the very
principles of physics (1, 111). He concludes his argumentation
in this *Réflexion* with the establishment of sentiment, the key to
understanding human behaviour, as the most excellent and
irrefutable kind of knowledge:

Toutes nos démonstrations ne tendent qu'à nous faire connaître les
choses avec la même évidence que nous les connaissons par sentiment. Connaître par sentiment est donc le plus haut degré de connaissance; il ne faut donc pas demander une raison de ce que nous
connaissons par sentiment. [1, 112]

This faith in sentiment as the surest path to certitude, even in
the scientific domain, is a striking example of the evolution in
the concepts of sentiment and the heart in the eighteenth
century:

There was a close enough parallel between sentiments as the voice
of nature and reason as the voice of God to make the two methods
of affirming moral values appear extremely similar. The 'philosophes' were found to be using the physiological metaphor of the

'heart' not only in the almost traditional sense of reacting passively to stimulation, the meaning enshrined in the term 'passions', but also in the positive sense of being able to feel rightly, to intuit moral values and apprehend the truth. The distinction, which is not always clear in French, is between a feeling *of* something, as in the case of pleasure, and a feeling *for* something. It was this role of feeling and instinct also as the promulgators of the ends pursued by nature which became more important as the century progressed.[20]

Vauvenargues' extension of the reign of sentiment beyond the realm of taste to include science is further than Voltaire was willing to go in his remarks on the *Pensées*: 'Notre raisonnement se réduit à céder au sentiment en fait de goût, non en fait de science.'[21]

It is noteworthy that *sentiment* is discussed less frequently by La Rochefoucauld than by Vauvenargues. In the definitive 1678 edition of La Rochefoucauld's *Maximes* the term appears only seven times in 504 maxims, and twice in the sense of *opinion*.[22] In the second edition of Vauvenargues' works, which appeared shortly after his death in 1747, sentiment appears in its affective connotation in thirteen of the 330 *Maximes*.[23]

While sentiment is a subtle suborner of reason for La Rochefoucauld and a natural guide for Vauvenargues, the passions, being the most intense manifestations of *sentiment*, provide the clearest examples of the divergence of their thought. The shattered ideal of the dominance of reason over passion reveals the extent of man's wretchedness:

L'homme est si misérable, que tournant toute sa conduite à satisfaire ses passions, il gémit incessamment sur leur tyrannie; il ne

---

[20] Vereker, *Eighteenth-century Optimism*, p. 163.

[21] *Lettres philosophiques*, p. 171. Voltaire's remark refers to Pascal's *Pensée* 274 (Brunschvicg), cited *supra*, note 11.

[22] *Maximes* 177, 255, 264, 319, 504, 116 and 143. (The last two maxims refer to *sentiment* as synonymous with *opinion* or *jugement*.) La Rochefoucauld, *Maximes*, ed. Truchet 'Glossaire', p. 644.

[23] See Foureman, 'Vauvenargues, esthéticien, critique littéraire et écrivain', tableau des substantifs, p. 203. The conclusion drawn in this study of Vauvenargues' *Maximes* points out the predominance of affectivity: 'Si l'on considère que *cœur* est une métaphore pour *âme* et pour *sentiment*, on prouve encore une fois que l'élément *affectif* l'emporte de bien loin sur l'élément *intellectuel*' (p. 202).

peut supporter ni leur violence, ni celle qu'il faut qu'il se fasse pour s'affranchir de leur joug; il trouve du dégoût, non-seulement en elles, mais dans leurs remèdes, et ne peut s'accommoder ni du chagrin de sa maladie, ni du travail de sa guérison. [*Maxime* 527]

The irony which pervades La Rochefoucauld's reflections on the illicit powers of passion over intellect plays on the traditional moral hierarchy which made reason alone worthy of virtue. The inherent 'right' of reason to rule, even if proven illusory in practice, still reflects an ethical and philosophical assumption of seventeenth-century thought:

The pure essence of the soul . . . consists in thought, and only as such does it manifest itself in its purity. The clear and distinct idea, not the inarticulate affect, is characteristic of the real nature of the soul. Desires and appetites, the passions of sense, belong only indirectly to the soul; they are not its original properties and tendencies, but rather disturbances which the soul suffers as a result of its union with the body. The psychology and ethics of the seventeenth century are in the main based on this conception of the affects as 'perturbations of the mind' (*perturbationes animi*). Only that action has ethical value which overcomes these disturbances, which illustrates the triumph of the active over the passive part of the soul, of reason over the passions. This stoic view not merely dominates the philosophy of the seventeenth century, but it permeates the intellectual life of the age in general.[24]

Applying this analysis to La Rochefoucauld in particular, we can readily see why many of his contemporaries expressed shock at the nihilism of the *Maximes*.[25] Having denounced the

---

[24] Ernst Cassirer, *The Philosophy of the Enlightenment*, trans. F. Koelln and J. Pettegrove (Boston, Mass.: Beacon Press, 1961), p. 105. Cassirer does not, perhaps, give enough weight here to the originality and influence of Descartes in rehabilitating the passions. As Geneviève Rodis-Lewis points out in her Introduction to Descartes' *Les Passions de l'âme* (Paris: Vrin, 1964), while the neo-Stoics of the seventeenth century still felt that as a 'perturbation qui fausse le jeu normal de la raison, la passion reste essentiellement mauvaise' (p. 30), Descartes comes closer to the Peripatetic trend (represented by Saint François de Sales) when he states that the passions are all 'bonnes de leur nature, et . . . nous n'avons rien à éviter que leur mauvais usage ou leurs excès' (article 211).

[25] An anonymous 'Jugement des *Maximes* de M. de La Rochefoucauld [1664],' envisages the potential danger of such a work in the hands of

reign of reason, La Rochefoucauld reduced human will-power to the absurd by a process Starobinski characterizes as 'psychomachie',[26] in which man becomes a passive recipient of the dictates of the passions:

L'homme n'apparaît plus que comme l'hôte qui doit faire bonne figure aux passions qui s'installent en lui tour à tour, à moins qu'il ne soit leur visiteur. . . . Comment définir désormais l'âme humaine? C'est un lieu vide, un 'creux' où s'agitent les passions. . . . De l'esprit au cœur, il ne peut y avoir qu'une politique de méfiance et de ruse.[27]

One result of the psychological inquiries of La Rochefoucauld's *Maximes*, like that arrived at by Pascal, is a deterioration of the Stoic and Cartesian trust in man's ability to act ethically without total submission to the passions, chance or divine grace.[28]
Vauvenargues and La Rochefoucauld feel that the passions are dominant forces in men and fill the vacuum left by the disqualification of an all-powerful intellect. For Vauvenargues, however, the passions do not fit La Rochefoucauld's description

---

freethinkers: 'Entre les mains de personnes libertines ou qui auroient de la pente aux opinions nouvelles . . . cet écrit les pourroit confirmer dans leur erreur, et leur faire croire qu'il n'y a point du tout de vertu, et que c'est folie de prétendre de devenir vertueux, et jeter ainsi le monde dans l'indifférence et dans l'oisiveté, qui est la mère de tous les vices.' La Rochefoucauld, *Œuvres*, I, 380. See also *supra*, note 3.

[26] Jean Starobinski, 'La Rochefoucauld et les morales substitutives, I', *La Nouvelle Revue française*, CLXIII (July 1966), p. 17.

[27] *Ibid.*, pp. 20-21.

[28] Moore emphasised the fall of Cartesian moral optimism in the *Maximes*: 'Such a thing as reason, for example, which in Descartes could dominate the passions, emerges in this assessment as captive, limited, deceived. The mind is at the mercy of the heart, and indeed, the body.' *La Rochefoucauld: his Mind and Art*, p. 39. Pascal views the relation of reason to the passions as an internal war of attrition, with no total 'victory' possible by purely human means: 'La Raison demeure toujours, qui accuse la bassesse et l'injustice des passions, et qui trouble le repos de ceux qui s'y abandonnent; et les passions sont toujours vivantes dans ceux qui y veulent renoncer.' *Pensée* 413 (Br. 317), in *Œuvres complètes* (Bibliothèque de la Pléiade), p. 1168. Vauvenargues objects to this view of the sordid nature and effect of the passions, but he agrees that Stoic renunciation of passion is an illusion (see *infra*, note 38).

of them as sources of maladies of the soul.²⁹ They *are* the soul:

Nos passions ne sont pas distinctes de nous-mêmes; il y en a qui
sont tout le fondement et toute la substance de notre âme. Le plus
faible de tous les êtres voudrait-il périr pour se voir remplacé par
le plus sage? Qu'on me donne un esprit plus juste, plus aimable,
plus pénétrant, j'accepte avec joie tous ces dons; mais si l'on m'ôte
l'âme qui doit en jouir, ces présents ne sont plus rien pour moi.
[1, 48]

The 'resurrection' of the passions in the eighteenth century,
to which Vauvenargues was a generous contributor, was
predicated on the prior efforts of thinkers such as La Rochefoucauld, who had amply illustrated the vulnerability of reason
and the supremacy of the passions.³⁰ The reversal of heroic
roles is complete when Vauvenargues gives the heart credit
for the noblest attributes of the mind: 'Les grandes pensées
viennent du cœur' (1, 386).³¹ The result of this subordination

²⁹ 'La santé de l'âme n'est pas plus assurée que celle du corps; et
quoique l'on paroisse éloigne des passions, on n'est pas moins en danger
de s'y laisser emporter que de tomber malade quand on se porte bien'
(*Maxime* 188). See also *Maxime* 527, quoted *supra*, pp. 31-2. The attitude of
La Rochefoucauld evokes a traditional association of *passions* with suffering,
reflecting the etymological sense of the term. Montaigne makes a most
explicit identification of passions with infirmities: 'Nous ne sommes
jamais sans maladie. Les fièvres ont leur chaud et leur froid; des effects
d'une passion ardentre nous retombons aux effects d'une passion frilleuse.'
Essais, II, ch. 12, cited in *Répertoire des idées de Montaigne* by Eva Marcu
(Geneva: Droz, 1965), p. 361.

³⁰ Antoine Adam outlines La Rochefoucauld's negative evaluation of
the powers of reason: 'Il ne croyait pas que les conduites humaines
fussent dominées par les calmes évidences de la raison. L'intelligence, vue
abstraite et froide du vrai, n'était à ses yeux qu'une notion chimérique.
C'est le désir, c'est la crainte, ce sont nos passions qu'il découvrait à
l'origine de nos actes.' *Histoire de la littérature française au XVIIème siècle*,
IV, 96.

³¹ Vauvenargues' rehabilitation of the passions prefigures Jean-
Jacques Rousseau's break with the same moralist tradition Vauvenargues
reacted to: 'Quoi qu'en disent les moralistes, l'entendement humain doit
beaucoup aux passions. . . . C'est par leur activité que notre raison se
perfectionne. . . . Il n'est pas possible de concevoir pourquoi celui qui
n'aurait ni désirs ni craintes se donnerait la peine de raisonner.' *Discours
de l'inégalité parmi les hommes*, in *Du Contrat Social ou Principes du droit
politique; Discours sur les Sciences et les Arts;* etc. (Paris: Garnier, 1962),
p. 48. *Cf.* Vauvenargues, *Maximes* 151 and 152.

of the intellect to persuasive sentiment is the enrichment, rather than the moral degradation of man: 'Les passions fertilisent l'esprit sur les choses qui leur sont propres' (1, 8). Reason is in passion's debt for its very existence: 'Les passions ont appris aux hommes la raison' (1, 389). Far from being viewed as symptomatic of man's infirmities, the heart is the basis of the only natural, authentic kind of intelligence: 'Il n'y a de vrai et de solide esprit que celui qui prend sa source dans le cœur' (*Maxime* 478). Man's true character is defined by his passions.[32] They also constitute an essential part of our free will:

Que ce soit notre raison ou nos passions qui nous meuvent, c'est nous qui nous déterminons; il y aurait de la folie à distinguer ses pensées ou ses sentiments de soi. [1, 199[33]]

Vauvenargues and La Rochefoucauld have parallel psychological insights into the vital role in human behaviour which must be accorded to the passions. Their polarisation lies in La Rochefoucauld's scepticism of, in contrast to Vauvenargues' confidence in, man's potential for positive moral action. Vauvenargues sought to illustrate the merit of the 'belles passions' which La Rochefoucauld admired on an isolated

[32] 'Les qualités dominantes des hommes ne sont pas celles qu'ils laissent paraître, mais, au contraire, celles qu'ils cachent le plus volontiers; car ce sont leurs passions qui forment véritablement leur caractère . . .' (1, 452).
[33] In an addition to this extract from his 'Traité sur le libre arbitre', Vauvenargues challenges the Stoic view of reason versus the passions: 'Mais, disent les sages, puisque la réflexion est aussi capable de nous déterminer que le sentiment, opposons donc la raison aux passions, lorsque les passions nous attaquent. Ils ne font pas attention que nous ne pouvons même avoir la volonté d'appeler à notre aide la raison, lorsque la passion nous conseille, et nous préoccupe de son objet. Pour résister à la passion, il faudrait au moins vouloir lui résister; mais la passion vous fera-t-elle naître le désir de combattre la passion, dans l'absence de la raison vaincue et dissipée?' (1, 199, note 1.) The degree to which we 'resist' passion depends on the relative strength or weakness of the passion, not abstract 'will-power' (1, 202-205). The same may be said of La Rochefoucauld (*Maxime* 122). Both moralists attack Stoic attitudes towards reason and the passions as unrealistic, stressing the passions' active role in determining our actions. Since Vauvenargues equates freedom with action (1, 190), he concludes that the passions, like temperament and reasoning, are basic components of free will (1, 199, and *Maxime* 149).

aesthetic plane.[34] Personal and philosophical acceptance of the passions as the critical part of the human soul marks the new spirit announced by Vauvenargues' works:

It sounds like a violent revolution when Vauvenargues in his *Introduction to the Knowledge of the Human Mind* (1746), says that the true nature of man does not lie in reason, but in the passions. The Stoic demand for control of the passions by reason is and always will be a mere dream. Reason is not the dominating force in man; reason is comparable only to the hand that tells the time on the face of a clock. The mechanism that moves this hand lies within; the motivating force and ultimate cause of knowledge lie in those primary and original impulses which we continually receive from another, a completely irrational realm. Even the dispassionate thinkers of the French Enlightenment, the champions and spokesmen of a purely rational culture, support this thesis.[35]

The mechanism of the passions had been analysed in great detail by La Rochefoucauld and held in somewhat awesome admiration, but he could not have foreseen the Enlightenment conciliation of the passions with the idea of progress.[36]

[34] In his self-portrait, La Rochefoucauld declares his admiration for the noble passions. It remains on an intellectual, rather than emotional or practical plane: 'J'approuve extrêmement les belles passions: elles marquent la grandeur de l'âme, et quoique dans les inquiétudes qu'elles donnent il y ait quelque chose de contraire à la sévère sagesse, elles s'accommodent si bien d'ailleurs avec la plus austère vertu, que je crois qu'on ne les sauroit condamner avec justice. Moi, qui connois tout ce qu'il y a de délicat et de fort dans les grands sentiments de l'amour, si jamais je viens à aimer ce sera assurément de cette sorte; mais de la façon dont je suis, je ne crois pas que cette connoissance que j'ai me passe jamais de l'esprit au cœur' (1, 11).

[35] Cassirer, *The Philosophy of the Enlightenment*, p. 107.

[36] Hippeau considers the Cartesian legacy of progress a modern prejudice which has obscured understanding of the Epicurean elements in La Rochefoucauld since the eighteenth century (p. 244). The Enlightenment confidence in the general scientific and moral progress of man is seen as being totally alien to La Rochefoucauld: 'Cette religion du progrès emporte les esprits dans un sens tout opposé à la philosophie de La Rochefoucauld.' *Essai sur la morale de La Rochefoucauld*, p. 246. The conclusion of La Rochefoucauld's seventeenth *Réflexion*, 'Des événements de ce siècle', in which he states that contemporary society surpasses antiquity only in crimes (1, 343), bears out part of Hippeau's thesis. Vauvenargues deplores the moral degradation of his time in the 'Discours

In Vauvenargues' reflections on the passions, and in their literary personifications ('Essai de quelques caractères'), the satirical element is superseded by a sympathetic appreciation of the role which the passions play in provoking individual character development among an elite:

Peindre en petit, c'est peindre les hommes; mais l'inclination de l'auteur l'aurait porté à décrire des mœurs plus fortes, des passions, des vertus, des vices. Les caractères véhéments sont certainement plus rares que les autres; mais ils sont peut-être plus propres à intéresser et à passionner les lecteurs sérieux, qui sont ceux à qui l'on destine ce petit ouvrage. [1, 286, note 3]

The passions, like the less intense *sentiment*,[37] form the essence of man and are, ideally, compatible with the intellectual component in human nature. A life without passions resembles death (II, 129), since they provide the motivating force for action.[38] A man of passion who disregards reason is like the Cyclops whose strength is rendered futile by his blindness:

---

sur les mœurs de ce siècle'. It is not excess in crime, compared to past examples, which Vauvenargues notes (this would require a measure of force beyond that of modern man), but rather it is the abundance of weak, mediocre vices which exasperates him (I, 166).

[37] See *supra*, p. 24.

[38] In a note to his translation of Shaftsbury's *Characteristics of Man* entitled *Essai sur le mèrite et la vertu* (1745) Diderot compared a man without passions to a musical instrument whose strings had been cut, or which never had any: see Diderot, *Œuvres complètes* (Paris: Garnier, 1875; reprinted Liechtenstein: Kraus Reprint Lts., 1966), vol. I, p. 75, note I. There is much affinity between Diderot's view on the passions and that of Vauvenargues. See *infra*, pp. 42-3. Voltaire, in his *Traité de Métaphysique* (1734), had compared the passions to the blood which flows through men's veins. The result of the Stoic ban on the passions, if implemented, would be fatal to man: 'Ceux qui veulent lui ôter ses passions, parce qu'elles sont dangereuses, ressemblent à celui qui voudrait ôter à un homme tout son sang, parce qu'il peut tomber en apoplexie.' Voltaire concludes his argument on this point with the much used comparison of the passions to the winds which serve to move man to actions. *Œuvres complètes* (Paris: Garnier, 1879), vol 22, pp. 223-4. A source for this image of the passions, without which man would remain inactive, like a becalmed ship, is found in Montaigne, who refers to it as a part of the Peripatetics' doctrine, which has a basis in reality. *Essais*, II, 12, cited by Marcu, *Répertoire des idées de Montaigne*; *cf. supra*, note 24.

'L'esprit est l'œil de l'âme non sa force; sa force est dans le cœur, c'est-à-dire dans les passions' (1, 389). The theme of the conflict between reason and sentiment appears as an internal breakdown of communication which frustrates the healthy growth of the human being.

La Rochefoucauld would probably be suspicious of such a reconciliation of the passions with reason. He questions the integrity of the most seemingly beneficial and sensible passions:

Les passions ont une injustice et un propre intérêt qui fait qu'il est dangereux de les suivre, et qu'on s'en doit défier, lors même qu'elles paroissent les plus raisonnables.[39]

This cautionary advice about the passions is of little practical value for man as he is depicted in La Rochefoucauld's *Maximes*. He can neither avoid nor divest himself of passions, except by their own default: 'Si nous résistons à nos passions, c'est plus par leur faiblesse que par notre force' (*Maxime* 122).

A manuscript copy of Vauvenargues' *Pensées diverses* reveals his transfiguration of the rule of passion into a viable form of self-expression and behaviour:

Etre dominé par ses passions, est l'être par soy-même, c'est-à-dire ne l'être point. On peut bien être esclave de la raison, parce que là peut être quelque chose d'étranger à notre esprit. Mais la domination de nos passions n'est autre chose que suivre notre propre volonté et notre humeur.[40]

Here reason, not the passions, is suspected of having an unhealthy influence upon man's actions. Fortunately, passion is often more persuasive than reflection, because it provides greater force for the execution of the will (*Maxime* 125). In a broader application of this principle, Vauvenargues views

[39] La Rochefoucauld, *Maxime* 9. This is one of the *Maximes* Vauvenargues labelled 'Communes' (see Vauvenargues, *Œuvres*, II, 84, note 1). La Bruyère echoes La Rochefoucauld's mistrust of the passions: 'Toutes les passions sont menteuses: elles se déguisent autant qu'elles le peuvent aux yeux des autres; elles se cachent à elles-mêmes. Il n'y a pas de vice qui n'ait quelque ressemblance avec quelque vertu, et qui ne s'en aide.' *Les Caractères*, 'Du cœur', No. 72, p. 149.

[40] Vauvenargues, *Pensées diverses* (Paris: Bibliothèque nationale, manuscript, Fr. nouvelles acquisitions 4383), f. 1*v*.

the immediacy and strength of the passions as the ideal medium for expressing eloquence. They are the most practical means of achieving direct communication with others: 'Les passions des hommes sont autant de chemins ouverts pour aller jusqu'à eux' (*Maxime* 483). La Rochefoucauld had also seen this unique force of the passions: 'Les passions sont les seuls orateurs qui persuadent toujours. Elles sont comme un art de la nature dont les règles sont infaillibles. . . .' (*Maxime* 8).

In responding to La Rochefoucauld's critique of our reliance on the judgement of others for our most coveted possessions, 'notre réputation et notre gloire' (*Maxime* 268), Vauvenargues reconciles the contradictions implied in La Rochefoucauld's analysis by showing that the heart almost always avoids the pitfalls of transient opinion:

L'auteur des *Maximes* se trompe donc, ainsi que la plupart des philosophes; les hommes sont inconséquents dans leurs opinions mais, dans la conduite de leurs intérêts, ils ont un instinct qui les dirige, et la nature, qui préside à leurs passions, sauve presque toujours leur cœur des contradictions de leur esprit. [II, 83]

The passions, under the aegis of instinct, are thus more trustworthy than an intellect which is subject to the vagaries of opinion.[41]

Vauvenargues establishes the link between the restoration of the passions and man's moral principles by means of a natural humanism which resists the Christian assumption of man's corruption:[42]

Il ne faut pas croire aisément que ce que la nature a fait aimable soit vicieux; il n'y a point de siècle et de peuple qui n'aient des vertus et des vices imaginaires. [I, 385]

[41] For the duality of reason in its natural versus artificial forms, see *supra*, pp. 22-3.

[42] Fernand Vial points out the link between the naturalism of Vauvenargues and his reaction to the tradition of the Fall: 'Cette nature, si déterminée qu'elle puisse être dans son essence, Vauvenargues l'exalte. Il lui a confié la direction souveraine des forces qui dérivent d'elles [*sic*] parce qu'il croit à son intégrité sinon à son innocence. Vauvenargues se rallie donc, avec des réserves, aux optimistes de son siècle et se pose en adversaire de la théorie traditionnelle attribuée à la philosophie catholique.' *Une Philosophie et une morale du sentiment*, p. 23.

By applying the above maxim to sexual activity we can discern an affinity with the attitude Diderot was to expound in his *Supplément au Voyage de Bougainville*.[43] In his *Réflexion* 'L'Activité est dans l'ordre de la nature' Vauvenargues justifies the necessity for change in man:

Une force secrète et inévitable emporte avec rapidité nos sentiments; il n'est pas en notre puissance de lui résister, et de nous reposer sur nos pensées; il faut marcher malgré nous, et suivre le mouvement universel de la nature. [I, 94]

The instability of our feelings is exonerated by Diderot in a similar manner.[44]

In his ninth 'Conseil à un jeune homme', entitled 'Aimer les passions nobles', Vauvenargues advised his young protégé, Hippolyte de Seytres, to cultivate those passions which by their nature tend to enhance man's ethical life:

Si vous avez quelque passion qui élève vos sentiments, qui vous rend plus généreux, plus compatissant, plus humain, qu'elle soit vous chère. [I, 122]

Thus Mirabeau, who had complained to Vauvenargues of his subjection to the passion of ambition and changing attachments of love (II, 124-5), in view of his cousin's comparative detach-

[43] In this work the Tahitians, who follow 'le pur instinct de la nature' (p. 466), speak out against the European influence which created vices on the island (p. 470) along with their Christian 'vertus chimériques' (p. 468). In Diderot, *Œuvres philosophiques* (Paris: Garnier, 1964).

[44] Robert Mauzi gives a good *résumé* of Diderot's line of argument on this subject: 'L'univers est en perpétuel mouvement. Le mouvement est donc aussi l'état naturel de l'homme. Le repos n'est qu'une fiction créée par l'esprit: rien n'est en repos dans la nature et dans l'homme. Voilà donc les passions implicitement justifiées, sinon par la morale, du moins par la physique. En mettant l'âme en mouvement, les passions ne font que suivre l'unique loi de la nature. Le repos de l'âme serait un état chimérique, anti-naturel. Dans *le Supplément au Voyage de Bougainville*, Diderot reprend le thème du changement nécessaire, du mouvement comme essence de l'âme, de l'absurdité des conventions qui tendent à falsifier le sentiment, au lieu de l'abandonner aux libres métamorphoses de la nature.' *L'Idée du bonheur dans la littérature et la pensée françaises au XVIIIème siècle* (Paris: Colin, 1965), p. 442. Vauvenargues, in his 'Essai sur quelques caractères', gives this aphoristic expression of his view: 'Le changement est la loi des hommes, comme le mouvement est la loi de la terre' (I, 350).

ment from passionate pursuits, receives no sympathy from Vauvenargues. On the contrary, passions and change are part of the natural order, so Vauvenargues refuses to judge them on the basis of 'opinions':

> Il est, entre les objets et notre cœur, de certaines convenances, que la nature a formées, et que l'on ne saurait rompre; car on peut dire, en général, que nous sommes maîtres de nos actions; mais nous ne le sommes guère de nos passions, et c'est une folie de les combattre, quand elles n'ont rien de vicieux; c'est même une injustice de s'en plaindre, car une vie sans passions ressemble bien à la mort, et je compare un homme sans passions à un livre de raisonnements: il n'est bon qu'à ceux qui le lisent; il n'a pas la vie en lui, il ne sent point, il ne jouit de rien, pas même de ses pensées. [II, 129]

Thus the passions constitute the life force of man; they alone provide for some measure of human happiness.[45]

Vauvenargues' exultation of the heart over the mind was based, in part, on his evaluation of the need for a change in the balance of power between these two human forces after the bias left by seventeenth-century thinkers such as La Rochefoucauld:

> Ce qu'on voit tous les jours dans le monde est arrivé dans la morale: l'homme étant tombé dans la disgrâce des philosophes, ç'a été à qui le chargerait de plus de vices. S'il arrive jamais qu'il se relève de cette dégradation, et qu'on le remette à la mode, nous lui rendrions à l'envi toutes ses vertus, et bien au delà. [I, 400, note 2]

Vauvenargues' analysis was prophetic.

In the same year that the first edition of Vauvenargues' *Introduction* . . . appeared in Paris, Diderot published his initial philosophic essay, the *Pensées philosophiques* (1746). The thrust

---

[45] Although Vauvenargues, like La Rochefoucauld, does not share Descartes' confidence in the ability of reason to rule over the passions, they share the belief that the passions provide the greatest potential for earthly happiness. Descartes' opposition to the Stoic sage's insensibility to passion foreshadows that of Vauvenargues: 'La philosophie que je cultive n'est pas si barbare ni si farouche qu'elle rejette l'usage des passions; au contraire, c'est en luy seul que je mets toute la douceur et la félicité de cette vie.' Extract from a letter to Princess Elisabeth dated 18 May 1645, cited in *Les Passions de l'âme*, p. 218, note 2; *cf. Article* 212, p. 218.

of both works, in regard to the passions, is analogous. In his first *Pensée* Diderot expresses his indignation at the downgrading of passion in order to preserve the supposed superiority of reason:

> On déclame sans fin contre les passions; on leur impute toutes les peines de l'homme, et l'on oublie qu'elles sont aussi la source de tous ses plaisirs. . . . Mais ce qui me donne de l'humeur, c'est qu'on ne les regarde jamais que du mauvais côté. On croirait faire injure à la raison, si l'on disait un mot en faveur de ses rivales. Cependant il n'y a que les passions, et les grandes passions, qui puissent élever l'âme aux grandes choses. Sans elles, plus de sublime, soit dans les mœurs, soit dans les ouvrages; les beaux-arts retournent en enfance, et la vertu devient minutieuse.[46]

Vauvenargues' 'Critique . . .' also attacked the partiality of seeing only the weak side of human nature (I, 75). Molière and

[46] Denis Diderot, *Pensées philosophiques*, in *Œuvres philosophiques de Diderot*, ed. Paul Vernière (Paris: Garnier, 1964), pp. 9-10; *cf. Pensées* 2-5, pp. 10-11. Robert Mauzi establishes the following link between Diderot and Vauvenargues: 'l'un comme pour l'autre, l'absence ou la mort des passions se confond avec la médiocrité, et Diderot pense comme Vauvenargues que la seule morale consiste à fixer toutes les passions autour d'un seul thème dominant.' *L'Idée du bonheur au XVIIIème siècle*, p. 439. However, an important distinction is overlooked. Diderot is more confident of control in his call for harmony among the passions: 'Etablissez entre elles une juste harmonie, et n'en appréhendez point de désordres' (*Pensée* 4). Vauvenargues allows for a balancing of passions but accords a despotic supremacy to the dominant passion, which it is beyond our control to temper: 'Les passions s'opposent aux passions, et peuvent se servir de contre-poids; mais la passion dominante ne peut se conduire que par son propre intérêt, vrai ou imaginaire, parce qu'elle règne despotiquement sur la volonté, sans laquelle rien ne se peut' (I, 48). See also *Maxime* 845. There may be some analogy between the *harmonie* or *contrepoids* of passions and La Rochefoucauld's compound of vices: 'Les vices entrent dans la composition des vertus, comme les poisons entrent dans la composition des remèdes' (*Maxime* 182). Anthony Levi cites Senault's comparison of the passions to venoms used in preparing antidotes for our ills as a possible source of La Rochefoucauld's maxim. *French Moralists: the Theory of the Passions, 1585-1649* (Oxford: Clarendon Press, 1964), p. 231, note 4, and p. 232. La Bruyère equated passions with vices in their duplicity (see *supra*, note 39). However, this analogy cannot be pushed too far, since the nature of the passions in La Rochefoucauld's *Maximes* prohibits such astute manipulation: we cannot govern their duration (*Maxime* 5), nor can we free ourselves of their tyranny (*Maxime* 527).

La Bruyère are scored by Vauvenargues for a similar bias (I, 237). Vauvenargues preaches the exercise of strong passions to achieve great actions and to avoid pettiness (I, 119; 122-5). The arts, too, are credited to the passions (*Maxime* 153).

Yet, in their zeal to correct the imbalance weighted against the passions, Vauvenargues and Diderot neglect elements in their seventeenth-century predecessors which are consonant with a positive approach to the passions. Paul Vernière notes quite appropriately, in his edition of the *Pensées philosophiques*, that the admiration Vauvenargues and Diderot express for strong passions echoes La Rochefoucauld's equation of 'belles passions' with 'grandeur d'âme': 'Diderot s'insère donc la tradition héroïque qui va de La Rochefoucauld à Vauvenargues.'[47] The *Discours sur les passions de l'âme*, attributed to Pascal, also links strength of passion to greatness of soul: 'Dans une grande âme tout est grand.'[48]

Vauvenargues' defence of the passions is not quite so one-sided as that of Diderot in the *Pensées philosophiques*. The concept of the sublime expressed in the *Introduction* . . . requires force and elevation, but may be the expression of a lofty *sentiment* or 'une grande et surprenante idée' (I, 18). Thus 'le sublime veut des pensées élevées, avec des expressions et des tours qui en soient dignes' (I, 19). The passions Diderot saw as indispensable in his first *Pensées philosophiques* are not apparent. This difference could be reconciled by referring to Vauvenargues' location of the source of great ideas in the heart (*Maxime* 127). However, his concern for the authenticity of both reason and sentiment to govern behaviour is illustrated by the following maxim:

Quand il serait vrai que les hommes ne seraient vertueux que par raison, que s'ensuivrait-il? Pourquoi, si on nous loue avec justice

[47] *Ibid.*, p. 10, note 10. See also *supra*, p. 36 and note 34. Lester Crocker traces Diderot's idea back to Descartes, Pascal and La Rochefoucauld. *An Age of Crisis: Man and World in Eighteenth-Century French Thought* (Baltimore: Johns Hopkins Press, 1959), pp. 238-9.

[48] In Pascal, *Œuvres complètes* (Bibliothèque de la Pléiade), p. 538; *cf.* 'Les grandes âmes ne sont pas celles qui aiment le plus souvent, c'est d'un amour violent que je parle: il faut une inondation de passion pour les ébranler et pour les remplir. Mais quand elles commencent à aimer, elles aiment beaucoup mieux' (p. 546).

de nos sentiments, ne nous louerait-on pas encore de notre raison:
Est-elle moins nôtre que la volonté? [*Maxime* 292]

The type of *raison* Vauvenargues seems to have in mind here is
the practical, instinctive guide to action like sentiment itself.
Vauvenargues supports both elements of human nature. His
emphasis on one rather than the other often serves as a counterbalance to prejudice against either sentiment or reason. This
is evident in the following reversal of the reasoning employed
in the above-cited *Maxime* 292, which ends in the harmony of
the affective and rational elements in man:

J'appelle vertus naturelles les vertus de tempérament; les autres
sont les fruits pénibles de la réflexion. Nous mettons ordinairement
ces dernières à plus haut prix, parce qu'elles nous coûtent davantage;
nous les estimons plus à nous, parce qu'elles sont les effets de notre
fragile raison. Je dis: La raison elle-même n'est-elle pas un don de
la nature, comme l'heureux tempérament? N'en est-il pas plutôt la
base? Et si l'un peut nous égarer, l'autre est-il plus infaillible? [1, 52]

In a letter to Mirabeau, Vauvenargues underscores the debating
tendency in his thought. Having stated that there are practically
no passions of any use to the elderly, he forestalls Mirabeau's
objections:

Mais ne trouvez-vous pas que je ressemble à ce personnage de
Molière, qui ne veut avoir ni tort ni raison, de peur de finir les
disputes? Je vous avertis que si vous êtes encore de mon avis, je
reprends sur-le-champ ma première opinion. [1, 130]

Despite his penchant for argumentation, Vauvenargues
cherished the ideal of conciliation which he would apply to
human characteristics, as well as to diplomacy. His insistence
upon the natural, co-operative roles of reason and sentiment
are part of this effort. He is most convincing in his defence of
sentiment against the consensus of philosophic opinion, but
he seeks to correct an imbalance, not to replace reason with
romantic surrender to the passions.[49] The mind, too, may

---

[49] 'The noble and sensitive Vauvenargues had made a definite contribution to the rehabilitation of the passions, but was not for that
reason a romantic; he too, like Voltaire, revolting against Jansenist
repressions, believed not only in the beneficence of the passions but also

reign. On occasion, Vauvenargues' eloquence is lavished on a spontaneous kind of reflection, as noble as the passions it guides, not the vain ratiocination of the philosophers. Here we find a reformation of the Stoic or Cartesian ideal of control of the passions by the mind in Vauvenargues' definition of 'la force d'esprit':

La force d'esprit est le triomphe de la réflexion; c'est un instinct supérieur aux passions, qui les calme ou qui les possède; on ne peut pas savoir d'un homme qui n'a pas les passions ardentes, s'il y a de la force d'esprit; il n'a jamais été dans des épreuves assez difficiles. [I, 61]

This evidence cannot be dismissed on the grounds that it was required to complete Vauvenargues' series of definitions of the qualities of the mind, for a similar idea appears in his letter to Mirabeau on the virtues of Caesar (II, 183). These examples do not contradict Vauvenargues' moral philosophy. In both cases reason is viewed in its natural, instinctive manifestation, not as idle speculation or alien opinion; furthermore, strong passions are the prerequisites for the exercise of the superior qualities of the mind. The dialectic of conflict between the mind and passions is transformed by Vauvenargues into a dynamic coalescence of human forces, capable of making man worthy of admiration. The right use of the passions, as Lanson observed, is the key to Vauvenargues' concept of virtue:

Il ne cesse de répéter que les passions qui sont en nous donnent la mesure de notre énergie morale, et que tout le secret de la vertu est de savoir utiliser, diriger, canaliser ses forces naturelles.[50]

Caesar represented Vauvenargues' intellectual ideal of the dominance of reason and Brutus illustrated the dominance of *l'âme*, that is, passion:[51]

---

in the classical principle of control.' Norman Torrey, *The Spirit of Voltaire* (New York: Columbia University Press, 1938), p. 144.

[50] Gustave Lanson, *Histoire de la littérature française,* II (Paris: Hachette, 1923), p. 104.

[51] The ambivalence of Vauvenargues' vocabulary is characterised by his use of the term *âme* to signify *cœur* in the above-cited quotation (II, 183). The same interchangeable use of these terms recurs often in his

Les passions intéressent plus que l'action de l'esprit, car il n'y a que l'action du cœur qui puisse remuer le cœur: aussi, j'aime mieux Brutus que César; ce n'est pas pour ses vertus; César en avait de grandes; mais, dans César c'est l'esprit qui domine, qui couvre, qui conduit, et qui sert la passion; dans Brutus, tout au contraire, l'âme se fait sentir partout, et semble marcher toute seule. Brutus m'échauffe donc, et me plaît davantage; mais César a plus de génie; pour quelqu'un qui réfléchit, ses vues sont plus longues, plus sûres, son génie plus puissant, plus facile, plus souple. [II, 183]

Even in its triumph reason serves passion as it guides it. The victory is without strife, nor is any loss sustained by the passions. Brutus's emotional make-up, on the contrary, seems capable of sustaining heroic activity without assistance from reason. It is easy to understand Vauvenargues' personal sympathy for such a man, who mirrored his own admittedly sentimental orientation.[52]

The place of honour accorded the passions in Vauvenargues' life and works justifies his comparison to J.-J. Rousseau and Stendhal.[53] Nevertheless, his defence of passion does not exclude the vital role which reason should play in directing man's actions. Brutus appeals to Vauvenargues aesthetically and emotionally. However, Brutus lacked that very essential

---

works (1, 15-16; 32; 69-70). Like the heart, the soul is described as the source of all *sentiments* (1, 32). At times the heart is equated with sentiment, and at times, with the passions. *Cf. supra,* notes 16 and 23.

[52] Vauvenargues' correspondence reveals his obedience to the heart in spite of the disillusionment reality holds: 'Mais, quoique je ne sois heureux, j'aime mes inclinations, et je n'y saurais renoncer; je me fais un point d'honneur de protéger leur faiblesse; je ne consulte que mon cœur; je ne veux point qu'il soit esclave des maximes des philosophes, ni de ma situation; je ne fais pas d'inutiles efforts pour le régler sur ma fortune; je veux former ma fortune sur lui' (II, 165).

[53] See Lucien Meunier's Introduction to *Maximes et Réflexions de La Rochefoucauld* (Paris: Somogy, 1945): 'C'est la réhabilitation du sentiment, la proposition des passions ennoblies comme principe de la moralité individuelle et sociale. Doctrine hardie qui devait avoir chez Jean-Jacques Rousseau des prolongements que Vauvenargues ne soupçonnait pas . . . aussi Stendhal . . .' (pp. 19-20). See also Vial, *Une Philosophie et une morale du sentiment,* pp. 123-5. Georges Saintville notes the following comment by Stendhal on Vauvenargues' *Réflexion* 'De l'âme', in which the heart is given precedence over the intellect (1, 69-70): 'All my découverte is in this paragraphe.' *Stendhal et Vauvenargues* (Paris: Le Divan, 1938), p. 51.

harmony which nourishes heroism: 'Cette égalité de force et de sentiment qui surmonte les obstacles et la lenteur des succès' (I, 59). This Caesar exemplified.

The combination of intellectual mastery and noble passion in Caesar, although an unusual example of exceptional human resources, has its roots in general principles Vauvenargues elaborated in his *Introduction* . . . . Under the chapter 'Des passions' those who are endowed with a profound mind are found to be capable of stronger than average passions and action, owing to the added intensity mental concentration gives to the desires it seeks to satisfy:

La réflexion, qui modère les velléités des gens froids, encourage l'ardeur des autres en leur fournissant des ressources qui nourissent leurs illusions: d'où vient que les passions des hommes d'un esprit profond sont plus opiniâtres et plus invincibles, car ils ne sont pas obligés de s'en distraire, comme le reste des hommes, par épuisement de pensées; mais leurs réflexions, au contraire, sont un entretien éternel à leurs désirs, qui les échauffe; et cela explique encore pourquoi ceux qui pensent peu, ou qui ne sauraient penser longtemps de suite sur la même chose, n'ont que l'inconstance en partage. [I, 28]

In view of the above, the faculties of the mind are as essential to sustained passionate action as are the impulses of sentiment.

La Rochefoucauld, on the basis of *fermeté*, distinguishes between those capable of violent and durable love and those whose weakness makes them subject to a variety of passions without ever being filled with passion (*Maxime* 477). For both Vauvenargues and La Rochefoucauld a certain force of character is necessary to sustain the energy of a full passion. In the example given by La Rochefoucauld, the energy expended to resist passion merely serves to increase its violence. *La Princesse de Clèves* illustrates the degree of irony and self-deception involved in such a passion. For Vauvenargues no conflict is envisioned; the tenacity of his heroic figures is pitted only against the obstacles which stand in the way of attaining the object of passion.

La Rochefoucauld, in assigning the sources of various maladies to the passions, treats love with special deference, for it alone is granted a vital, positive role in life:

L'amour, lui seul, a fait plus de maux que tout le reste ensemble, et
personne ne doit entreprendre de les exprimer; mais comme il fait
aussi les plus grands biens de la vie, au lieu de médire de lui, on doit
se taire: on doit le craindre et le respecter toujours. [I, 311]

The *Maximes* arc less polite: 'toutes les passions nous font
faire des fautes, mais l'amour nous en fait faire de plus ridicules'
(*Maxime* 422). Vauvenargues, on the contrary, reserves his
derision for the excessive penchant for wit which characterised
the salon society of his age: 'Il n'y a qu'une seule passion qui
parle ridiculement et sans éloquence, et c'est la passion de
l'esprit' (*Maxime* 470). The kind of intellect berated by Vauvenargues is a garish kind of *esprit*, not instinctive reason: 'Quand
je vois un homme engoué de la raison, je parie aussitôt qu'il
n'est pas raisonnable' (*Maxime* 644).[54] La Rochefoucauld's
maxim 'La bonne grâce est au corps ce que le bon sens est à
l'esprit' (*Maxime* 67), which Vauvenargues treated harshly in
his 'Critique . . .' (II, 80),[55] might actually be closer to Vauvenargues' view of the intellect than his criticism would imply.
Jacques Truchet supplies the following interpretation of La
Rochefoucauld's maxim by Bussy-Rabutin, in his correspondence with Mme de Sévigné: 'Nous croyons que M. de la
Rochefoucauld veut dire que le corps sans la bonne grâce est
aussi désagréable que l'esprit sans le bon sens et nous trouvons
cela vrai.'[56] This is the same ridiculous aspect of artificial wit
Vauvenargues frequently attacked.[57]

When Vauvenargues attempts to rehabilitate the ideal of
platonic love we find an unusual departure from his own rule
of not bringing matters of sentiment to the tribunal of reason
(I, 94):

C'est donc le caractère qui nous détermine quelquefois; *c'est donc*
l'âme que nous cherchons: *On ne peut me nier cela. Donc* tout ce qui
s'offre à nos sens ne nous plaît alors que comme une image de ce
qui se cache à leur vue; *donc* nous n'aimons alors les qualités
sensibles que comme des organes de notre plaisir, et avec subordination aux qualités insensibles dont elles sont l'expression; *donc* il est

---

[54] *Cf. supra*, pp. 22-3 and 26-7.
[55] See *supra*, chapter I, p. 9.
[56] In La Rochefoucauld, *Maximes*, p. 22, note I. *Cf. Maxime* 502.
[57] See *supra*, note 5. *Cf. Maximes* 63 and 65.

au moins vrai que l'âme est ce qui nous touche le plus. *Or*, ce n'est pas aux sens que l'âme est agréable, mais à l'esprit. . . .[58]

It would appear that here, as elsewhere, Vauvenargues 'parle par théorie'.[59] His deductions conflict with the experience of a disillusioned *libertin* such as La Rochefoucauld. Vauvenargues' complex reasoning on this subject reflects his need to refute La Rochefoucauld's observation that the corporeal interest in love reduces this sentiment to the egotistical desire of possession:

Si l'âme est distincte du corps, si c'est, non pas le corps, comme le suppose ici l'auteur [La Rochefoucauld, *Maxime* 68], mais l'âme, qui sent, on ne peut dire que l'amour *est, dans le corps, une envie cachée et délicate de posséder ce que l'on aime.* [I, 80]

In his chapter 'De l'amour' Vauvenargues' goal is to prove, contrary to La Rochefoucauld's base and selfish principles, that one could seek in love 'quelque chose de plus pur que l'intérêt de nos sens' (I, 41).[60] La Rochefoucauld does not deny this possibility of pure love, but he rejects the idea that it can be rationally understood and demonstrated, as Vauvenargues attempted to do: 'S'il y a un amour pur et exempt du mélange de nos autres passions, c'est celui qui est caché au fond du cœur, et que nous ignorons nous-mêmes' (*Maxime* 69).

This conditional allowance for a pure form of love is rendered all the more precarious when we view it in juxtaposition to the categorical statement: 'Si on croit aimer sa maîtresse pour l'amour d'elle, on est bien trompé' (*Maxime* 374).[61] Any

[58] Vauvenargues, *Œuvres*, I, 41-2; the italics stressing the rational argumentation of this passage, are mine.

[59] Mirabeau records this judgement of the Marquis de Saint-Georges, after having read one of Vauvenargues' letters celebrating love and ambition (in Vauvenargues, *Œuvres*, II, 171).

[60] La Harpe rejected the kind of pure, platonic love Vauvenargues envisioned as utterly unrealistic, given the power of physical attraction: 'C'est la raison décisive qui fera toujours de l'amour pur, de l'amour platonique, une chimère de l'imagination passionnée, et rien de plus.' 'Philosophie du dix-huitième siècle', *Lycée ou Cours de littérature ancienne et moderne*, XV, 235.

[61] Both maxims 69 and 374 have *variantes* which gave unadulterated love a somewhat less shadowy existence: '*Il n'y a point* d'amour pur et exempt de mélange de nos autres passions *que* celui qui est caché au fond du cœur, et que ignorons nous-mêmes' (No. 79, 1665); 'Si l'on croit aimer

conscious altruistic love is thus reduced to an illusion or mixture of baser passions. The reader is likely to dismiss the idea of love altogether as a will-o'-the-wisp: 'Il est de l'amour comme de l'apparition des esprits: tout le monde en parle, mais peu de gens en ont vu' (*Maxime* 76). Vauvenargues was to protest against La Rochefoucauld's own form of Platonism, which seemed to consist of relegating admirable traits in man, such as a higher form of love, to an ethereal realm of rarity which condemned nearly all commonly felt forms of love to a degraded status.[62] This kind of excessive limitation on man's moral authenticity is illustrated by this maxim of La Rochefoucauld, which Vauvenargues scornfully labelled a 'maxime de roman': 'Il n'y a qu'une sorte d'amour, mais il y en a a mille différentes copies' (*Maxime* 74). In La Rochefoucauld's vocabulary, as in that of Vauvenargues, copies are always inferior to the original.[63] Vauvenargues reacts to this maxim by affirming the existence of individual, genuine forms of love:

L'amour prend le caractère des cœurs qu'il surmonte: il est violent, impérieux, et jaloux, jusqu'à la fureur, dans quelques-uns; il est tendre, aveugle et soumis, dans quelques autres; il est passionné et volage dans la plupart des hommes, mais il lui arrive quelquefois d'être fidèle. [II, 80-81]

Vauvenargues' view of the variety of the natural passion of love is consistent with his determination to thwart what he felt were the efforts of thinkers such as La Rochefoucauld to constrain or restrict nature to their own narrow, oversimplified, general categories.[64] Vauvenargues' treatment of myriad kinds

---

sa maitresse pour l'amour d'elle, on est *souvent* trompé' (No. 40 in the *Supplement*, 1675). Truchet edition of the *Maximes*, pp. 301 and 380 respectively. (Italics added to denote *variantes*.)

[62] For a further discussion of the consequences of this practice of admitting only the rarest cases of pure feelings and virtues see *infra*, pp. 92-3.

[63] See La Rochefoucauld's *Réflexion* 'Des exemples', I, 300-301, and Vauvenargues, 'Contre l'esprit d'emprunt', I, 106. For a more detailed discussion of the artificial imitative qualities verses natural character see *infra*, pp. 138-42.

[64] See Vauvenargues, *Œuvres*, I, Maxime 364, p. 428: 'Les vues courtes multiplient les maximes et les règles, parce qu'on est d'autant plus enclin

of love deserves to be considered a vital part of the eighteenth-century trend from 'categorical abstractions' to individual particularity in ethics, as well as in aesthetics.[65]

Freed from the debate rhetoric of the *Introduction* and the 'Critique', Vauvenargues gives fuller expression to the type of love, beyond sensual fulfilment, which probably came closest to his own inspiration, in the character of 'Alceste, ou l'*Amour ingénu*': l'imagination d'un jeune homme enfante aisément toutes ces chimères que nos romanciers ne composent qu'après bien des veilles' (1, 300). The romantic 'chimères' which the inexperienced heart savours are precious gifts of nature which Alceste's sceptical, libertine contemporaries have lost for ever:

Vous croyez-vous donc bien plus habiles de vous être détrompés, de si bonne heure, de ce qu'on appelle les illusions de la jeunesse: Vous avez vieilli, mes amis, avant le temps, et sans avoir joui de la nature, vous êtes déjà dégoûtés de ses plaisirs. [1, 302]

After the immediate pleasure Vauvenargues derives from idealistic amorous involvement, love is seen as a positive moral

---

à prescrire les bornes à toutes choses qu'on a l'esprit moins étendu. Mais la nature se joue de nos petites règles; elle sort de l'enceinte trop étroite de nos opinions, et fait des femmes savantes ou des rois poètes, en dépit de toutes nos entraves.' In a *maxime* which was withdrawn after the first edition Vauvenargues had doubted the reality of constancy in love: 'La constance est la chimère de l'amour.' (*Maxime* 755.) Its suppression is in keeping with his more generous view of nature.

[65] Jack Undank, in his article 'Vauvenargues and the whole truth', *PMLA*, lxxxv, No. 5 (October 1970), suggests that Vauvenargues sensed a need to break away from the bounds of the *définitions à la* Rochefoucauld in his *Introduction* . . ., for 'the only way to convey his understanding of men is by referring to specific people, as many people as there are combinations of traits, which is to say an inexhaustible series. Individual beings enclose and hold in suspension only apparently irreconcilable qualities. They have ultimately, by being described, to be freed from constricting categories. Vauvenargues turns naturally, therefore, to the concrete example, the illustration' (p. 1112). Undank goes on to draw a parallel between 'the growing esthetic tendency to favor particularity at the expense of categorical abstractions' in the development of the eighteenth-century novel and Vauvenargues' *Caractères*, which illustrate the rococo view that 'beauty occurs when organic variety is given order' (p. 1113).

force: 'L'amour fait entrer la bonté dans un cœur ingénu et sensible . . .' (I, 300). This exalting ethical influence is accorded all the passions that soften the vanity which Vauvenargues discerned in La Rochefoucauld's *Maximes*, and in contemporary society:

Heureux, dit-il [Alceste ou l'*Amour ingénu*], ceux qui ont des passions qui les rendent moins insensibles, moins orgueilleux, moins délicats, moins formalistes! Oh! si l'on pouvait toujours être tendre, généreux, et sans orgueil! [I, 301]

Unfortunately, such a state of enthusiasm and natural altruism is rarely the dominant passion in men. All men are more or less vulnerable to selfish impulses; even Vauvenargues' tender *ingénu* realises that he too is susceptible to the degradation exhibited by his less sensitive peers:

J'estime les choses humaines, parce que je suis homme, et ne me pique pas de trouver dans mon imagination ce que je trouve plus facilement dans la nature. L'intérêt, la vanité, l'ambition, pourront bien un jour dessécher mon cœur, et y faire périr les sentiments naturels; mais du moins, je n'irai pas au-devant de ce malheur. Vous croyez-vous donc bien plus habiles de vous être détrompés, de si bonne heure, de ce qu'on appelle les illusions de la jeunesse? [I, 301-302]

Although Vauvenargues praised unadulterated sentiment, he could not totally dismiss this pessimistic warning by La Rochefoucauld: 'Le bon naturel, qui se vante d'être si sensible, est souvent étouffé par le moindre intérêt' (*Maxime* 275).[66] Vauvenargues was to live through much disillusionment during his short career. For him sentiment remained a more dependable guide than reason alone. But these two human faculties do not of themselves explain the apparent moral

66 This rare case of *bon naturel* in the *Maximes* finds a more expansive expression in the *Réflexions diverses*, concerning the changes time effects in a first love: 'Il y a une première fleur d'agrément et de vivacité dans l'amour, qui passe insensiblement, comme celle des fruits; ce n'est la faute de personne; c'est seulement la faute du temps. Dans les commencements, la figure est aimable; les sentiments ont du rapport: on cherche de la douceur et du plaisir; on veut plaire, parce qu'on nous plait, et on cherche à faire voir qu'on sait donner un prix infini à ce qu'on aime; mais, dans la suite, on ne sent plus ce qu'on croyait sentir toujours. . . .' (I, 344.)

ambiguity and contradictions in the conduct of man. Human behaviour had to be analysed in its 'principe',[67] the source of all passions, which La Rochefoucauld had ascribed to *amour-propre*.[68] Therefore any discussion of La Rochefoucauld and Vauvenargues as *moralistes* ought to consider carefully their respective views on self-love. Their understanding of the meaning of the term *amour-propre* and its consequences for their views of man will be the subject of the next chapter.

[67] Vauvenargues seems to use this word in two of its modern connotations in the context of his 'Discours préliminaire' and in the *Introduction à la connaissance de l'esprit humain* itself: '(1) Principe vital, la cause quelle qu'elle soit, des phénomènes que manifestent les êtres organisés; (2) Opinion, proposition que l'esprit admet comme point de départ. "L'omission d'un principe mènc à l'erreur," Pascal, *Pensées*, VII, 2.' These definitions, culled from Littré's *Dictionnaire de la langue française* (ed. A. Beaujean), explain why the principles Vauvenargues sought as a means of reconciling the apparently contradictory maxims of the *philosophes* are considered to be restricted to the study of human qualities, rather than the physical sciences (1, 2, note 2), and essential to an understanding of human behaviour, although non-demonstrable (1, 2): 'Je me proposai d'abord de parcourir toutes les qualités de l'esprit, ensuite toutes les passions, et enfin toutes les vertus et tous les vices qui, n'étant que des qualités humaines, ne peuvent être connus que dans leur principe' (1, 3). Although Vauvenargues regrets having been unable to complete the task he thus set for himself, it offers an interesting blueprint for the study of his efforts in this domain.

[68] For La Rochefoucauld the passions are not independent agents; their irresistible, occult power (*Maxime* 563) stems from self-love: 'Les passions ne sont que les divers goûts de l'amour-propre' (*Maxime* 531). This kind of taste or preference is not that which derives from critical judgement, but rather 'le goût qui nous porte vers les choses' ('Du goût', 1, 305). Man passively follows the strong or subtle promptings of such preferences: 'Il y a des goûts qui nous approchent imperceptiblement de ce qui s'approche de nous; d'autres nous entraînent par leur force ou par leur durée' (1, 305). Such a description seems to cover the entire range of sentiment and passion.

III

The nature of self-love

La Rochefoucauld generally reduces self-determination to a single principle of *amour-propre* which includes both egotistic calculation and the subversive force of the passions, themselves merely reflecting the preferences of self-love, thus breaking away from the widely held belief in the duality of man's motivation:

L'immense majorité des auteurs de son siècle soutenait que nos actions ont une double source, une appétition égoïste, tournée vers la conservation de notre être, et une autre, tournée vers la recherche des valeurs universelles, inclination naturelle au bien et à l'acte désintéressé. Voilà la doctrine que Hobbes venait de combattre vigoureusement. Les *Maximes* n'ont de sens que s'il existe en l'homme un seul amour naturel, l'amour de soi, l'amour-propre. Ce n'est pas la réalité de la vertu qu'elles nient, c'est qu'elle soit jamais 'naturelle'.[1]

The first characterisation of self-love we find in the 1678 edition of the *Maximes* stresses its penchant for distortion through flattery: 'L'amour-propre est le plus grand de tous les flatteurs' (*Maxime* 2). This tendency of self-love to overrate ourselves is a recurrent theme in the *Maximes*. The first edition of 1655 bore as its first maxim the lengthy portrait of self-love (Gilbert edition No. 563) which, although withdrawn subsequently by the author,[2] is vital to a thorough understanding of his thought

---

[1] Adam, *Histoire de la littérature française au XVIIe siècle*, IV, 100-101.

[2] By comparing the *variantes* of La Rochefoucauld's *Maximes* with Vauvenargues' 'Critique . . .' we find that he based his remarks on the third or fourth edition (Vauvenargues seems to have inadvertently numbered La Rochefoucauld's maxim 183 of the second, third and fourth editions as No. 138 in his 'Critique . . .', II, 81, note 3. Also Vauvenargues' version of maxim 3 has the *variante* 'encore bien' found in the third, fourth and fifth editions of the *Maximes*, in Truchet's edition, p. 285). Elsewhere,

on this subject. Here, too, the first salient feature of self-love is the effect of its excessive flattery, culminating in self-idolatry:

L'amour-propre est l'amour de soi-même, et de toutes choses pour soi; il rend les hommes idolâtres d'eux-mêmes, et les rendrait les tyrans des autres si la fortune leur en donnait les moyens. . . . [1, 243]

La Rochefoucauld's description of *amour-propre* is rich in images evoking the darkness which hides it from itself:

Rien de si caché que ses desseins. . . . On ne peut sonder la profondeur ni percer les ténèbres de ses abîmes. Là il est à couvert des yeux les plus pénétrants, il y fait mille insensibles tours et retours. Là il est souvent invisible à lui-même, il y conçoit, il y nourrit, et il y élève, sans le savoir, un grand nombre d'affections et de haines; il en forme de si monstreuses que, lorsqu'il les a mises au jour, il les méconnait ou il ne peut se résoudre à les avouer. De cette nuit qui le couvre naissent les ridicules persuasions qu'il a de lui-même; de là viennent ses erreurs, ses ignorances, ses grossièretés et ses niaiseries sur son sujet. . . . [1, 243-4]

The initial impression we get is that of a shadowy, irrational and serpentine, yet personified, leviathan[3] whose mysterious force founders owing to its introspective blind spots. Vauvenargues' attempt to refute the following maxim of La Rochefou-

according to Gilbert, Vauvenargues indicated his low esteem for the 1714 edition of the *Maximes* annotated by Amelot de la Houssaye, which grouped the maxims by theme and contained the first maxim of the 1655 edition (Gilbert edition No. 563) depicting self-love (II, 134, note 2).

[3] The term 'leviathan' is meant in its biblical connotation of a sea monster symbolic of chaos and associated with primordial darkness (Job 3:8-9, 41:1-10). The final image selected by La Rochefoucauld in maxim 563 to portray self-love is the sea. At one point in his lamentation Job asks 'Am I the sea, or a sea monster, that thou settest a guard over me?' (7:12.) See the notes on these verses in Job, *The Oxford Annotated Bible*, R.S.V., ed. Herbert G. May and Bruce M. Metzger (New York: Oxford University Press, 1962), pp. 615, 619, 653. In La Rochefoucauld's day Hobbes had given a new dimension to the word *leviathan*, suggesting a positive social function for the common drive of self-conservation: 'For by art is created that great LEVIATHAN called a COMMONWEALTH or STATE which is but an artificial man, though of greater stature and strength than the natural, for whose protection and defence it was intended. . . .' *Leviathan, Parts I and II* (New York: Bobbs–Merrill, 1958), p. 23.

E

cauld merely confirms his adversary's vision of the fallibility of self-love:

[*Maxime*] 4. *L'amour-propre est plus habile que le plus habile homme du monde.*

L'amour-propre le plus habile fait beaucoup de fautes contre ses vrais intérêts. [II, 76]

In order to serve its true interests self-love would have to acquire a more enlightened view of itself. La Rochefoucauld amply shows that the faults committed by *amour-propre* stem from this lack of self-knowledge. It often happens that the counterfeit image devised by self-love is taken at face value by that very *amour-propre*. It follows, then, that even self-love will be ultimately short-changed.[4] And yet this blindness is restricted to introspection. Once its gaze turns outward, it is capable of the keenest vision: 'Mais cette obscurité épaisse, qui le cache à lui-même, n'empêche pas qu'il ne voie parfaitement ce qui est hors de lui' (I, 244). Such opposite qualities united in self-love are typical of its nature, which is full of contradictions.

Self-love, like love itself, is inconstant, yet all the more baffling because even in this aspect it is variable:

Il est inconstant d'inconstance, de légèreté, d'amour, de nouveauté, de lassitude et de dégoût; il est capricieux, et on le voit quelquefois travailler avec le dernier empressement, et avec des travaux incroyables, à obtenir des choses qui ne lui sont point avantageuses, et qui même lui sont nuisibles, mais qu'il poursuit parce qu'il les veut. [I, 245]

Thus the quality of the object sought is not necessarily determined by the object itself, but may be a self-induced illusion: 'C'est par lui-même que ses désirs sont allumés . . . c'est après

[4] The first-edition version of what was to be condensed to form maxim 88 of the definitive edition showed the following parallel view of self-love: 'Comme si ce n'était pas assez à l'amour-propre d'avoir la vertu de se transformer lui-même, il a encore celle de transformer les objets, ce qu'il fait d'une manière fort étonnante: car, non seulement il les déguise si bien qu'il y est lui-même trompé, mais il change aussi l'état et la nature des choses' (*Maximes*, ed. Truchet, p. 306). *Cf. Maxime* 158: 'La flatterie est une fausse monnaie qui n'a de cours que par notre vanité.'

lui-même qu'il court . . .' (1, 244). But the supreme illusion of
which self-love is capable is the conviction that it can be
exterminated: 'Il travaille même à sa ruine. Enfin, il ne se
souci que d'être, et pourvu qu'il soit, il veut bien être son
ennemi' (1, 245).[5] The indestructibility of self-love is basic to
La Rochefoucauld's view of human nature.

However, even *amour-propre*, which is usually the prime-
mover of man, is not free from the fortuitous changes of
physical temperament to which man is heir.[6] The entire maxim
563 exhibits a dazzling baroque complexity, provoking an
uneasiness in the reader, who loses his equilibrium in the
viscous atmosphere of the world of self-love. The final line
of the 'portrait' emphasises change as inherent in *amour-propre*:
'Le flux et le reflux de ses vagues continuelles . . . éternels
mouvements' (1, 246).[7]

For a close look at Vauvenargues' identification of two
dissimilar forces which incite various kinds of action, let us
turn to the twenty-fourth chapter in his *Introduction* . . .,
entitled 'De l'amour-propre et de l'amour de nous-mêmes',
the importance of which was noted by Gilbert in these terms:

[5] An article by Jacqueline Plantié links this maxim to an ironic portrait
of 'self-destruction' as applied to the context of religious asceticism. The
maxim is traced back to a *portrait* of Mme d'Epernon, Anne-Marie de
Jésus, a Carmelite nun, suggesting that the change into a *réflexion morale*
served to give fresh complexity to the ageless subject of self-love creeping
into religious austerity. The following words of Father Surin to two
Carmelite nuns (including Anne Marie de Jésus) concerning their duty to
Christ, quoted in this article, are indicative of the effort to eliminate self-
love which La Rochefoucauld may have had in mind in his *portrait*: 'Sa
majesté attend de nous . . . que nous nous dépouillions tout à fait de tout
l'amour que nous nous portons à nous-mêmes par l'instinct de notre
nature' (p. 565). Jacqueline Plantié, ' "L'Amour-propre" au Carmel',
Revue d'histoire littéraire de France, 71e année, No. 4, July–August 1971,
pp. 561-73.

[6] *Amour-propre* is at the mercy of changes in temperament, age, fortune
and experience: 'Il a de différentes inclinations, selon la diversité des
tempéraments qui le tournent et le dévouent tantot aux richesses, et
tantot aux plaisirs; il en change selon le changement de nos âges, et de nos
fortunes et de nos expériences. . . .' (1, 245).

[7] For Vauvenargues, as for Diderot, since this is in accord with change
in nature, there is no humiliating contradiction in man's relation to the
universe. See *supra*, ch. II, p. 40 and note 44.

Ce chapitre seul suffirait à la gloire philosophique de Vauvenargues, car c'est là que, par une distinction décisive entre l'*amour de soi* et l'*amour-propre*, il ruine la théorie de La Rochefoucauld, que bientôt Helvétius devait reprendre et exagérer encore; c'est làq ue Vauvenargues annonce sa morale, et qu'il relèvel a nature humaine, lui proposant des fins plus hautes, en même temps qu'il constate en elle de plus nobles mobiles. [1, 29, note 3]

The basic argument Vauvenargues uses to refute the idea that a selfish motive is at the heart of all our actions is the manifest preference for someone or something beyond the self which is illustrated by self-sacrifice for a loved one or for the sake of glory. It is worthwhile to review the development of this approach to *amour-propre* in order to discern how far it differs from La Rochefoucauld's view of man's nature. The task is a delicate one, for although the example of sacrifice is one which has long been used to disqualify the omnipresent dominance of self-love, it is not a particular preoccupation of La Rochefoucauld or of his period, as Paul Bénichou pointed out in his *Morales du grand siècle*.[8] The question of self-sacrifice is not met head-on by La Rochefoucauld, but he does ascribe to the workings of self-love those actions which seem to be in the interest of others and where it may appear that 'l'amour-propre soit la dupe de la bonté et qu'il s'oublie lui-même lorsque nous travaillons pour l'avantage des autres' (*Maxime* 236). Vauvenargues' reconsideration of self-love affirms the presence of a psychological principle which surpasses that of La Rochefoucauld's self-centred *amour-propre*.

[8] 'Le grandissement héroïque de l'image humaine, la puissance souveraine du moi, la hauteur des désirs sont en cause dans les *Maximes* beaucoup plus que la bonté, et à cette époque il ne pouvait en être autrement, car telles étaient surtout les formes sous lesquelles on avait coutume alors de concevoir ou nier le sublime. . . . Le sublime plus fortement socialisé qui a cours aujourd'hui dans l'opinion courante repose davantage sur la bonté, sur la capacité de se sacrifier pour autrui, d'agir pour autre chose que pour soi d'où l'inévitable exemple du sauveteur dans les modernes controverses sur les *Maximes*. C'est substituer au débat qui préoccupait leur auteur, avec toute son époque, un autre débat, qu'il n'a ni conçu ni engagé.' (Page 110.) As Vauvenargues' argument against La Rochefoucauld illustrates, the perspective is already modified in the eighteenth century. See 'La vertu-sacrifice: procès de la vertu', in Mauzi, *L'Idée du bonheur au XVIIIe siècle*, pp. 624-34.

La Rochefoucauld had divided love into three areas of sensation on the part of the lover: 'dans l'âme c'est une passion de régner; dans les esprits, c'est une sympathie; et dans le corps, ce n'est qu'une envie cachée et délicate de posséder . . .' (*Maxime* 68). For Vauvenargues, however, the satisfaction of the lover is not within his own drive for domination; it lies outside the self, in the object of his love: 'L'amour est une complaisance dans l'objet aimé: aimer une chose, c'est se complaire dans sa possession, sa grâce, son accroissement, craindre sa privation, ses déchéances, etc.' (1, 29). The basis for such pleasure, drawing the lover to his beloved, is stated in the chapter 'De l'amour' as being 'un caractère tout particulier, et celui qui entre le plus dans le nôtre' (1, 41). Both moralists agree at least on sympathetic attraction as a basis of love. Vauvenargues, however, holds that a loved one whose character we cherish above our own can liberate us from purely self-centred affections:

Plusieurs philosophes rapportent généralement à l'amour-propre toutes sortes d'attachements. Ils prétendent qu'on s'approprie tout ce que l'on aime, qu'on n'y cherche que son plaisir et sa propre satisfaction, qu'on se met soi-même avant tout; jusque-là qu'ils nient que celui qui donne sa vie pour un autre le préfère à soi. Ils passent le but en ce point; car si l'objet de notre amour nous est plus cher sans l'être, que l'être sans l'objet de notre amour, il paraît que c'est notre amour qui est notre passion dominante, et non notre individu propre, puisque tout nous échappe avec la vie, le bien que nous nous étions approprié par notre amour, comme notre être véritable. [1, 30]

Although La Rochefoucauld did not discuss the issue of self-sacrifice for love's sake in the same terms as Vauvenargues, his reputation as the philosopher of self-love makes him and his devotees the logical targets of Vauvenargues' refutation. Maxims on love such as the following clearly illustrate their difference of opinion on the nature of love:

Il n'y a point de passion où l'amour de soi-même règne si puissament que dans l'amour, et on est toujours plus disposé à sacrifier le repos de ce qu'on aime qu'à perdre le sien. [*Maxime* 262[9]]

---

[9] Prior to the 1678 edition of the *Maximes*, this maxim had a harsher ending: '. . . la moindre partie du sien' (1, 138, note 1). Corneille expressed

Vauvenargues' view of the dominant passion's supreme rule
over the will (1, 48), applied to sacrificial love, challenges
La Rochefoucauld's insistence on egocentricity. That such a
sacrifice may be induced by illusions promoted by *amour-propre*
is an objection Vauvenargues is prepared to answer:

> Ils répondent que la passion nous fait confondre dans ce sacrifice
> notre vie et celle de l'objet aimé; que nous croyons n'abandonner
> qu'une partie de nous-mêmes pour conserver l'autre: au moins,
> ils ne peuvent nier que celle que nous consérvons nous apparaît
> plus considérable que celle que nous abandonnons. Or, dès que
> nous nous regardons comme la moindre partie dans le tout, c'est
> une préférence manifeste de l'objet aimé. [1, 30[10]]

Vauvenargues is not arguing here the moral value of such an
altruistic movement beyond the self. The tragedies of Racine,
which Vauvenargues admired, furnished many striking
examples of the violence and tyranny of love. Vauvenargues'

---

a similar view in *Tite et Bérénice*:
> Dans toute la nature aime-t-on autrement?
> L'amour-propre est la source en nous de tous les autres:
> C'en est le sentiment qui forme tous les nôtres
> Lui seul allume, éteint, ou change nos désirs:
> Les objets de nos vœux le sont de nos plaisirs.
> Vous-même, qui brûlez d'une ardeur si fidèle,
> Aimez-vous Domitie, ou vos plaisirs en elle,
> Et quand vous aspirez à des liens si doux,
> Est-ce pour l'amour d'elle, ou pour l'amour de vous?

(Acte I, scene III, vers 278-86) *Théâtre complet de Corneille*, III (Paris:
Garnier, 1961), p. 509.

[10] As a study of the subject of love in the *Maximes* states, true love,
while not devoid of self-love, is characterised by the predominance of
energy devoted to the loved one, not oneself: 'It becomes apparent that
true love cannot exclude egotistical involvement; everything which is
done voluntarily is necessarily self-motivated and self-satisfying. However,
in true love, a maximum of egotistical energy is expended on the beloved
and a minimum is conserved for the preservation and pleasure of self.
Self-renunciation itself may become a pleasure to one who has found
happiness in the act of loving. In addition to purity from completely
"interested" motives, La Rochefoucauld considers intensity, depth and
duration of love as other criteria of trueness.' May Wendelene Butrick,
'The concept of love in the *Maximes* of La Rochefoucauld', in *Dissertation
Abstracts*, vol. 20, pt. 4 (Ann Arbor: University Microfilms, 1960), pp.
4108-9.

concept of love resembles that of Racine in its force, but he rarely pursued its tragic implications.[11] The very violence of love shows its superiority over self-love: 'L'amour est plus violent que l'amour-propre; puisqu'on peut aimer une femme malgré ses mépris' (*Maxime* 677).

Having shown how the passion of love can attenuate the influence of self-love, Vauvenargues shifts his perspective to another kind of self-sacrifice, the Stoic preference of glory to life. This case demonstrates the existence of a natural impulse in man which is diametrically opposed to the selfish type of *amour-propre* La Rochefoucauld recognises behind almost all human affections:

On peut dire la même chose d'un homme qui, volontairement et de sang-froid, meurt pour la gloire; la vie imaginaire qu'il achète au prix de son être réel, est une préférence bien incontestable de la gloire, et qui justifie la distinction que quelques écrivains ont mise avec sagesse entre l'amour-propre et l'amour de nous-mêmes. Ceux-ci conviennent bien que l'amour de nous-mêmes entre dans toutes nos passions; mais ils distinguent cet amour de l'autre. Avec l'amour de nous-mêmes, disent-ils, on peut chercher hors de soi son bonheur; on peut s'aimer hors de soi davantage que dans son existence propre; on n'est point à soi-même son unique objet. L'amour-propre, au contraire, subordonne tout à ses commodités et à son bien-être; il est à lui-même son seul objet et sa seule fin; de sorte qu'au lieu que les passions qui nous viennent de l'amour de nous-mêmes nous donnent aux choses, l'amour-propre veut que les choses se donnent à nous, et se fait le centre de tout. Rien ne caractérise donc l'amour-propre, comme la complaisance qu'on a dans soi-même et dans les choses qu'on s'approprie. [1, 30-31]

One could speculate on the identity of those writers who made a distinction between selfish and altruistic forms of self-love,[12]

[11] In a maxim which Vauvenargues withdrew after his first edition we find a suggestion of the tragic potential of a dominant passion: 'L'intérêt d'une seule passion, souvent malheureuse, tient quelquefois toutes les autres en captivité; et la raison porte ses chaînes sans pouvoir les rompre' (*Maxime* 845).

[12] Lester Crocker credits Abbadie with providing the distinction between a legitimate and a vicious kind of self-love which Vauvenargues later adopted. *An Age of Crisis*, pp. 279-80. Shaftesbury had made a similar differentiation between social and vicious self-affections. *Characteristics of Men, Manners, Opinions, Times*, vols. I-II (New York: Bobbs–Merrill, 1964),

but often the consequences which Vauvenargues draws from
these principles are peculiar to his moral philosophy. He sees
pride as the result of the self-satisfaction of *amour-propre* (1, 31).
Since the pleasure men receive comes from various sources and
in varying degrees, the type of pride changes character
according to the diversity of men's interests:

L'orgueil qui vient d'une confiance aveugle dans nos forces, nous
l'avons nommé présomption; celui qui s'attache à de petites choses,
vanité; celui qui se fonde sur la naissance, hauteur; celui qui est
courageux, fierté. [1, 31]

This helps to understand why it was impossible for Vauvenargues to accept La Rochefoucauld's discernment of vanity in
heroic ambition:

A une grande vanité près les héros sont faits, dit-il, *comme les autres
hommes;* c'est encore abuser des termes, que d'appeler l'amour de la
gloire *une grande vanité,* et je ne conviens point de cette définition.
D'ailleurs, plus un homme a de vanité moins il est capable
d'héroïsme; il est donc faux de dire que c'est une grande vanité qui
fait les héros, puisque c'est au contraire, le mépris des choses vaines
qui les rend supérieurs aux autres hommes. [II, 78]

Vanity is reserved for the mediocre and petty. It is usually in
inverse proportion to the object of its satisfaction in Vauvenargues' view of human behaviour. Another important corollary
of the diversity of self-love is Vauvenargues' rejection of the
equality of pride La Rochefoucauld had posited (*Maxime* 35):[13]

---

pp. 247-250 (originally published in 1711 and translated into French by
Diderot in 1745). Shaftesbury attacks the egoism of Hobbes and La
Rochefoucauld in his works: see Stanley Grean, *Shaftesbury's Philosophy of
Religion and Ethics: a Study in Enthusiasm* (Ohio University Press, 1967),
p. 152. Locke is a source Vauvenargues acknowledges in the beginning of
his chapter on the passions (1, 27). Robert Mauzi points out the link
between Lockian anxiety and the formulation of an active kind of self-love
opposed to traditional *amour-propre. L'Idée du bonheur au XVIIIe siècle,* p. 19.
Mlle de Scudéry is also cited for her discernment of two kinds of self-love,
one vicious, the other virtuous (p. 637).

[13] Hobbes too had assumed the universally equal distribution of self-
love. In the *Leviathan* he goes on to show how this natural equality of men
is a source of diffidence, and finally of a state of war, if unchecked by fear
of a governing authority (pp. 105-6).

L'orgueil n'est pas plus égal dans tous les hommes que l'ambition, ou le courage; et, comme il y a des hommes qui ont moins d'esprit, moins de vivacité, moins d'humanité que d'autres, il s'en trouve aussi qui ont moins d'orgueil. [II, 79]

Since Vauvenargues views pride as an equivalent (II, 80),[14] or derivative, of self-love (I, 31) it follows that the latter, too, varies in intensity among men.

Next we need to consider the relation of feelings of perfection and imperfection to the two varieties of self-love described by Vauvenargues:

L'amour-propre se mêle à presque tous nos sentiments, ou du moins l'amour de nous-mêmes; mais pour prévenir l'embarras que les disputes qu'on a sur ces termes feraient naître, j'use d'expressions synonymes, qui me semblent moins équivoques. Ainsi, je rapporte tous nos sentiments à celui de nos perfections et de notre imperfection: ces deux grands principes nous portent de concert à aimer, estimer, conserver, agrandir et défendre du mal notre frêle existence. C'est la source de tous nos plaisirs et déplaisirs, et la cause féconde des passions qui viennent par l'organe de la réflexion. [I, 31]

Vauvenargues acknowledged his debt to Locke for the pleasure–pain principle (I, 27), which became a vital part of Vauvenargues' view of human behaviour:

Si notre existence était parfaite, nous ne connaîtrions que le plaisir. Etant imparfait, nous devons connaître le plaisir et la douleur: or, c'est de l'expérience de ces deux contraires que nous tirons l'idée du bien et du mal. [I, 27]

The feeling of being which each man experiences determines his chief characteristics. Thus gaiety comes from the feeling of self-sufficiency (I, 29), and Vauvenargues' own dominant humour, melancholy, springs from a greater awareness of imperfection than of being (I, 28). The entire gamut of the passions and character traits, each seeking to augment perfec-

---

[14] As D.-L. Gilbert pointed out, the term *amour-propre* is given various connotations in the context of particular maxims. At times La Rochefoucauld seems to equate it with interest or egotism (I, 121, note 5), at others it is associated with pride. In his nineteenth *Réflexion*, 'De la retraite', La Rochefoucauld speaks of 'l'orgueil, qui est inséparable de l'amour-propre . . .' (I, 345).

tions and to suppress imperfections,[15] is physiologically determined: 'cela dépend de la chaleur du sang et des esprits' (I, 28).
Such philosophical determinism, which has its counterpart in
La Rochefoucauld (*Maxime* 44), would lead us to conclude
that man cannot be judged on the basis of personality and
fundamental drives which are beyond his control.[16] The
pleasure–pain principle, setting before every man the dilemma
of satisfactory personality development, establishes tension
between private and communal interests. As Robert Mauzi
pointed out, Locke's concept of interest, to which Vauvenargues is indebted, is a deeper psychological concept than the
merely pragmatic notion of social utility:

Il désigne un principe plus profond, plus secrètement rivé à l'être:
Il est le palliatif naturel de l'angoisse originelle, l'instinct de conservation, si l'on veut. . . . Il convient donc de donner au mot
'intérêt' une valeur *existentielle* et non morale.[17]

Vauvenargues set up a dialectic of the sense of strength and
that of weakness, whose imbalance, as in Pascal's rhetoric,[18]

---

[15] 'Nous tirons de l'expérience de notre être une idée de grandeur, de
plaisir, de puissance, que nous voudrions toujours augmenter; nous
prenons dans l'imperfection de notre être une idée de petitesse, de sujetion,
de misère, que nous tâchons d'étouffer; voilà toutes nos passions' (I, 28).
In a letter to Mirabeau dated 9 April 1739 Vauvenargues revealed the
melancholic side of his character which his enthusiasm and courage could
not always repress: 'Je ne veux pas vous faire entendre que je me suffise à
moi-même, et que, toujours, le présent remplisse le vide de mon cœur;
j'éprouve aussi, souvent et vivement, cette inquiétude qui est la source des
passions. J'aimerais la santé, la force, un enjouement naturel, les richesses,
l'indépendance, et une société douce; mais, comme tous ces biens sont
loin de moi, et que les autres me touchent fort peu, tous mes désirs se
concentrent, et forment une humeur sombre, que j'essaie d'adoucir par
toute sorte de moyens.' (II, 122).

[16] 'Tout ce que la nature a fait est à sa place, tel qu'il doit être, et . . . il
est aussi sot d'en rire que d'en pleurer' (Vauvenargues, I, 314).

[17] *L'Idée du bonheur au XVIIIe siècle*, p. 19.

[18] 'S'il se vante, je l'abaisse; s'il s'abaisse, je le vante. . . .' Pascal,
Pensées (Br. No. 420), in *Œuvres complètes* (Bibliothèque de la Pléiade), p.
1170, No. 330. Vauvenargues' purpose was quite opposed to that of
Pascal, however. The latter sought to show by this dialectic that man was a
'monstre incompréhensible' (*Pensée* cited). Vauvenargues attacked this
viewpoint, which conflicted with his own desire to reconcile apparent
contradictions in man, without recourse to metaphysics or religion.

was a sign of disorder:

Mais ceux qui ne sentent que leur misère sans leur force, ne se passionnent jamais autant, car il n'osent rien espérer; ni ceux qui ne sentent que leur force sans leur impuissance, car ils ont trop peu à désirer: ainsi il faut un mélange de courage et de faiblesse, de tristesse et de présomption. [1, 28]

Although this is in the hands of nature, Vauvenargues' penchant for action and eloquence led him to adopt a dual thrust. He castigates both false pride and vanity where self-sufficiency tended to stifle action, and encourages those keenly aware of their imperfections to have confidence in their resources in order to fulfil their potential for action.

Upon this pattern Vauvenargues was to superimpose a clear, social standard for morality, based upon the criterion of *bienfaisance*, or the common interest (1, 50-52). The dialectic of force and weakness was adapted to fit the requirements of the social utilitarian ethic Vauvenargues shared with Voltaire.[19] The transition is facilitated by the concept of *amour de nous-mêmes* as a sense of insufficiency which, barring despair, leads man to seek greater perfection through interaction with others.[20] Voltaire applauded Vauvenargues' defence of unselfish love,[21] and the *Encyclopédie* borrowed heavily from Vauvenargues in its compilation of the articles 'Amour', 'Amour-propre', 'Amitié' and 'Ambition'.[22]

[19] Voltaire's definition of vice and virtue in *Le Traité de métaphysique* (1734) reflects the ideal of being useful and pleasing in society: 'Celui qui sacrifie le plus au public est celui qu'on appellera le plus vertueux. . . . La vertu est l'habitude de faire de ces choses qui plaisent aux hommes, et le vice l'habitude de faire des choses qui déplaisent.' In his *Discours en vers sur l'homme* (1738-39) Voltaire identifies true virtue with 'un mot qui manque à Vaugelas:/Ce mot est bienfaisance. . . .' *Œuvres complètes* (ed. Moland), vol. 22, p. 225, and vol. 9, p. 424, respectively.

[20] As Maurice Paléologue noted, Vauvenargues' altruistic form of love of ourselves 'se répand au dehors, se réfléchit sur les autres êtres et se confond ainsi avec l'amour des autres, avec l'amour de l'humanité entière.' *Vauvenargues* (Paris: Hachette, 1890), p. 104.

[21] Voltaire hailed Vauvenargues' analysis of altruistic love in these terms: 'Fin, profond et juste' (in Vauvenargues, *Œuvres*, I, 30, note 1).

[22] Diderot, *Encyclopédie* (Geneva: Pellet, 1778) third edition, vol. II: the articles mentioned are all signed 'X' and are identified with l'Abbé

Vauvenargues' elaboration of the concept of *amour de nous-mêmes* was required to offset La Rochefoucauld's equation of obstensibly generous acts on behalf of others with the self-agrandising calculations of *amour-propre*:

Il semble que l'amour-propre soit la dupe de la bonté, et qu'il s'oublie soi-même, lorsque nous travaillons pour l'avantage des autres: cependant c'est prendre le chemin le plus assuré pour arriver à ses fins; c'est prêter à usure, sous le prétexte de donner; c'est enfin s'acquérir tout le monde par un moyen subtil et délicat. [*Maxime* 236]

In direct opposition to such a view of ubiquitous selfish motives, Vauvenargues reaffirms the existence of a natural,[23] altruistic incentive to action. The elite, to whom Vauvenargues addressed his works,[24] could verify the presence of this virtuous motivation within themselves:

Yvon by John Lough, *Essays on the 'Encyclopédie' of Diderot and D'Alembert* (London: Oxford University Press, 1968), p. 552.

[23] Vauvenargues repeatedly insists upon the natural basis of altruistic virtue: 'la vertu est le vrai moyen naturel du bien . . . il y a des qualités qui tendent naturellement au bien du monde . . .' (1, 53-4). The need for this emphasis can be seen by contrasting this statement with the following expression in La Bruyère of the dominance of selfish motivation evoked by La Rochefoucauld: 'Il n'est pas naturel d'aimer quelque autre chose plus que soi-même. . . .' *Les Caractères*, 'De l'homme', No. 13, p. 333. *Amour-propre* is natural as well. Vauvenargues' stress on the natural character of altruistic motivation in this context echoes that of Shaftesbury: 'Shaftesbury's use of the term "natural affection", particularly for the social affections, is confusing. Both the public and private affections are equally "natural", as over against the "unnatural affections". This usage has two explanations though: first, in his attempt to refute Hobbes, Shaftesbury wants to emphasize the *naturalness* of the social impulses; second, the social affections are most distinctive of man's humanity. Thus they are the most "natural" in the special sense that they express man's ideal potentialities and are directed toward his largest ends.' Stanley Grean, *Shaftesbury's Philosophy of Religion and Ethics: a Study in Enthusiasm*, pp. 168-9. This interpretation may be applied to Vauvenargues as well in his attitude toward La Rochefoucauld.

[24] Maurice Paléologue sees Vauvenargues addressing his works to 'l'élite des âmes droites et pures qui trouvent en elles, dans les impulsions nobles de leur nature, dans le mouvement désintéressé de leur cœur, le principe du devoir et la force de l'accomplir.' *Vauvenargues*, p. 97.

S'il y a un amour de nous-mêmes naturellement officieux et compatissant et un autre amour-propre sans humanité, sans equité, sans bornes, sans raison, faut-il les confondre? [*Maxime* 291]

In a *variante* to this maxim Vauvenargues gives us the answer to this rhetorical question: 'Point du tout: l'intérêt d'un esprit bien fait ne se trouve guère dans le vice, et son inclination et sa raison y répugnent trop fortement' (1, 416, note 5). This clarification may have been deleted by Vauvenargues because he usually addressed his reader as an equal, as an 'esprit bien fait' who would intuitively confirm these principles of human motivation without the need for further demonstration.

Interest, for La Rochefoucauld, could not be so easily insulated from vice. On the contrary, it is the catalyst which activates the otherwise dormant *amour-propre*:

L'intérêt est l'âme de l'amour-propre, de sorte que comme le corps, privé de son âme, est sans vue, sans ouïe, sans connoissance, sans sentiment et sans mouvement, de même, l'amour-propre séparé s'il le faut dire ainsi, de son intérêt, ne voit, n'entend, ne sent et ne se remue plus ... de sorte que nous voyons, dans nos conversations et dans nos traités, que, dans un même moment, un homme perd connoissance et revient à soi, selon que son propre intérêt s'approche de lui, ou qu'il s'en retire. [*Maxime* 510[25]]

In his *Réflexion* 'Sur la dureté des hommes' Vauvenargues describes a comparable insensitivity to the interests of others which frustrates any meaningful communication among men:

C'est une grande simplicité d'entretenir les hommes de ses peines; ils n'écoutent point, ils n'entendent point, quand on leur parle d'autre chose que d'eux-mêmes. Qu'une grande province soit

[25] W. G. Moore, in his admiration for this posthumous maxim, stresses the portrayal of the passions as the life forces constituting man: 'Nowhere else do I recall so vivid a picture, not of the truth so much as of the almost instinctive sense (which seems to have obsessed La Rochefoucauld) of the human person as an idle machine which is galvanized by the passions, or by anything that affects its survival.' We have to wait until Balzac's *Avant-Propos* to the *Comédie humaine*, in 1846, before we meet another similar expression of the conviction that 'la passion fait toute l'humanité'. *La Rochefoucauld: his Mind and Art*, p. 97. The passions also form the basis of human activity for Vauvenargues, not through the magic of interest or self-love alone, but also in the natural, altruistic development of the elite of great men.

attaquée et ravagée par l'ennemi, que ses habitants soient runiés par les désordres de la guerre, et menacés de plus grands malheurs; c'est un événement dont le monde parle, comme on parle du nouvel opéra, de la mort d'un grand, d'un mariage, ou de telle intrigue rompue et découverte. Mais où sont ceux qu'on voie touchés, au fond, de ces misères où tant d'hommes sont intéressés? [i, 92]

Vauvenargues was reacting in profound dismay to the lack of concern in Paris for the dire results of the invasion of his native Provence.[26] Despite his bitterness, Vauvenargues believed in the possibility of surpassing the limitations of narrowly defined self-interest, as his own offer to fight for the cause of the Provence he had so long disliked demonstrates (ii, 207-208: letter to Saint-Vincens dated 24 November 1746).

But for La Rochefoucauld, once interest has awakened the master of disguises, *amour-propre*, who can insure that it will not subvert even enlightened self-interest?[27]

The substance of their disagreement on the nature of apparent altruism lies not only in their differing concepts of self-love but also in a definition of the term 'interest'. At least part of the opposition Vauvenargues voices against La Rochefoucauld's views on interest has its foundation in a semantic discrepancy concerning the connotations given to the word *intérêt*.

La Rochefoucauld takes special care to point out in his preface to the *Maximes* that interest is not to be understood merely in the limited sense of a material gain or profit derived from an action: 'Par le mot d'intérêt, on n'entend pas toujours un intérêt de bien, mais le plus souvent un intérêt d'honneur

---

[26] See Vauvenargues' letter to Saint-Vincens of December 1746 (ii, 299-300). Voltaire was to react similarly to the Parisians' apathy concerning the victims of the Lisbon earthquake of 1755: 'Lisbonne est abîmée, et l'on danse à Paris.' *Poème sur le désastre de Lisbonne*, in *Œuvres complètes*, vol. 9, p. 470.

[27] La Chapelle-Bessé suggests in his 'Discours' that it is the intention of the author of the *Maximes* to show that man, if not a saint, never knows whether he really is capable of following virtue: 'Il soutient qu'il fait presque toujours du mal quand son amour-propre le flatte qu'il fait le bien, et qu'il se trompe souvent lorsqu'il veut juger de lui-même, parce que la nature ne se déclare pas en lui sincèrement des motifs qui le font agir' (i, 364).

ou de gloire . . .' (1, 30). The association of a normally base, pecuniary idea with honour and reputation (which represent the highest values of worldly society) has a deprecatory effect, as Paul Bénichou noted:

Cette distinction même ne sert chez lui et ses pareils qu'à discréditer d'avantage l'honneur et la gloire. Car si l'on ressent comme 'désintéressé' ce qui n'est qu'un intérêt d'honneur, c'est tout simplement parce que cet intérêt-la, au contraire des 'intérêts de bien', est sans objet réel et ne poursuit qu'une fumée. Aussi égoïste dans son mouvement que les autres appétits, il n'a sur eux que la supériorité de l'extravagance.[28]

While it is true that the association of interest with reputation (*Maxime* 116) deflates the worth of the latter, there are forms of honour and reputation which are superior to other desires in elevating man to greater heights. Thus honour prompts men to take certain risks in battle (*Maxime* 219) and 'l'honneur acquis est caution de celui qu'on doit acquérir' (*Maxime* 270). Likewise, *gloire* inspires valour (*Maximes* 221 and 615). Although La Rochefoucauld attacks the Stoic scorn of death, he states that, while not infallible, 'la gloire de mourir avec fermeté, l'espérance d'être regretté, le désir de laisser une belle réputation . . . sont des remèdes qu'on ne doit pas rejeter' (*Maxime* 504). Finally, love of reputation is a just and fruitful source of action in a king (1, 315). If not distorted out of all proportion by self-love, these interests are superior in their effects to the lowly 'intérêt de bien'. As an internal sense of dignity *gloire* may be a legitimate feeling, but not if flaunted before others: 'Il est aussi honnête d'être glorieux avec soi-même qu'il est ridicule de l'être avec les autres' (*Maxime* 307).

Vauvenargues, however, contrasts honour and interest: 'La noblesse est la préférence de l'honneur à l'intérêt; la bassesse, la préférence de l'intérêt à l'honneur' (1, 60). This disagreement on the relation of interest to honour affects their view of self-love, since for both authors interest is the stimulus activating *amour-propre*.[29] In opposition to interest as he understands it,

[28] *Morales du grand siècle*, p. 108.
[29] La Rochefoucauld, *Maxime* 510: 'L'intérêt est l'âme de l'amour-propre. . . .' *Cf.* Vauvenargues, 'L'intérêt est la fin de l'amour-propre . . .' (1, 60).

Vauvenargues considers generosity to be the sacrifice of self-love, and liberality, a traditionally noble virtue, a branch of generosity (1, 60).

La Rochefoucauld reduces generosity to interest: 'Ce qui paraît générosité n'est souvent qu'une ambition déguisée, qui méprise de petits intérêts pour aller à de plus grands' (*Maxime* 246). In the Liancourt manuscript and in the 1655 edition of the *Maximes* this equation is more evident.[30] In a similar vein, La Rochefoucauld states that 'la magnanimité méprise tout pour avoir tout' (*Maxime* 248). Interest in general is not condemned in the *Maximes*: 'L'intérêt que l'on accuse de tous nos crimes mérite souvent d'être loué de nos bonnes actions' (*Maxime* 305). It promotes virtues as well as vices (*Maxime* 253). La Rochefoucauld's maxims on interest outline a kind of *sagesse* which consists of proper ordering and execution of one's interests with a view to the most efficient expenditure of energy:

Un habile homme doit régler le rang de ses intérêts et les conduire chacun dans son ordre. Notre avidité le trouble souvent en nous faisant courir à tant de choses à la fois que, pour désirer trop les moins importantes, on manque les plus considérables. [*Maxime* 66[31]]

Although less often associated with the possibility of virtuous action than interest, *amour-propre* can inspire forms of loyalty (*Maxime* 247), benevolence (*Maxime* 236) and the good offices of friendship (*Maxime* 83).[32]

[30] In the Liancourt manuscript we find the following description of generosity: 'La générosité, c'est un désir de briller par des actions extra-ordinaires; c'est un habile et industrieux emploi du désintéressement, de la fermeté en amitié et de la magnanimité, pour aller promptement à une grande réputation.' In the 1665 edition 'un plus grand intérêt' replaces 'une grande réputation'. *Réflexions ou sentences et maximes morales*, ed. Dominique Secretan, p. 99.

[31] See also *Maximes* 124, 144, 244 and 246.

[32] Anthony Levi notes this difference in the connotation of interest and *amour-propre* in La Rochefoucauld, although he considers the isolation of self-love from virtue more absolute: 'Like Pascal, La Rochefoucauld himself is clearly conscious of the theological overtones attached to the word *amour-propre*. He uses the term frequently, and often gives it the same meaning that he gives to "intérêt". But whereas interest is notoriously not incompatible with true virtue in the *Maximes*, La Rochefoucauld never once associates "amour-propre" with virtue.' *French Moralists*, p. 230.

Vauvenargues generally scorns interest as a short-sighted, vulgar motivation of vain men (*Maximes* 55, 56, 304, 528 and 529). He would free magnanimity of any taint of self-interest: 'La magnanimité ne doit pas compte à la prudence de ses motifs' (*Maxime* 130). Suard's note to Vauvenargues' maxim 56, 'l'intérêt fait peu de fortunes', which Voltaire found obscure, clarifies the pejorative connotation attached to the word 'interest': 'Par *intérêt*, Vauvenargues entend ici le vice ou la passion qui domine dans un caractère intéressé. Il n'est pas d'usage en ce sens' (1, 379, note 4). Maxims 50 and 51, which show the advantages of liberality, confirm the superior utility of this virtue to short-range interest. Yet Vauvenargues does not really oppose the practical application of La Rochefoucauld's thought. Interest for the latter can be far-sighted and therefore embraces generosity and liberality: 'L'avarice est plus opposée à l'économie que la libéralité' (*Maxime* 167).[33] Vauvenargues expands this notion in a positive direction: 'Celui qui sait rendre ses profusions utiles a une grande et noble économie' (*Maxime* 51).[34] Reputation, motivated by a higher form of self-interest, serves to elevate behaviour: 'La gloire . . . nous rend souvent estimables afin de nous faire estimer' (1, 33). Vauvenargues concludes his *Réflexion* 'Sur la libéralité' with an enthusiastic exhortation to virtuous deeds which, apart from the marked difference in tone, resembles La Rochefoucauld's view of generosity: 'Apprenons à subordonner les petits intérêts aux grands, même éloignés, et faisons généreusement tout le bien qui tente nos cœurs: on ne peut être dupe d'aucune vertu' (1, 81).[35]

Although a guide to action based on enlightened self-interest is barely perceivable in La Rochefoucauld's *Maximes*, in contrast to the zeal with which Vauvenargues preaches the uninhibited exercise of socially consonant self-interest, this possibility

[33] In his critical edition of the *Maximes* Jacques Truchet offers the following paraphrase of La Rochefoucauld's maxim 167, which, I believe, applies as well to Vauvenargues' sense of the word *économie*: 'L'avarice est plus préjudiciable que la libéralité à la bonne gestion d'une fortune' (p. 43, note 1).

[34] *Cf. Maximes* 762 and 766.

[35] *Cf.* La Rochefoucauld, *Maxime* 246, cited *supra*, p. 70.

F

is given concrete expression in the former's *Réflexions diverses*. As Sainte-Beuve recounts in his preface to the *Maximes*, 'On a dit très justement qu'on les pourrait aussi bien intituler: *Essai sur l'art de plaire en société*'.[36] *Amour-propre* is to be hidden, and that of others accommodated, in order to promote the social necessity of *bienséance*:

Chacun veut trouver son plaisir et ses avantages aux dépens des autres; on se préfère toujours à ceux avec qui on se propose de vivre, et on leur fait presque toujours sentir cette préférence; c'est ce qui trouble et qui détruit la société. Il faudroit du moins savoir cacher ce désir de préférence, puisqu'il est trop naturel en nous pour nous en pouvoir défaire; il faudroit faire son plaisir de celui des autres, ménager leur amour-propre et ne le blesser jamais. ['De la société', 1, 282]

In view of the diversity of personal interests in society, La Rochefoucauld concludes that one should try to be as useful to one's friends as possible, taking the initiative in procuring their pleasure ('De la société', 1, 284). For La Rochefoucauld, as for Vauvenargues, an *honnête homme* is able to advance his own interests while satisfying those of others in society.[37] Enlightened self-interest can be viewed as an art for achieving social *bienséance*. The redirection of self-love La Rochefoucauld advocates, so that it seeks its pleasure in that of others, is in accord with Vauvenargues' understanding of what he would call *amour de nous-mêmes*. For La Rochefoucauld this is viewed as an effort to tame or civilise human nature as much as possible. The caution with which such a goal is expounded by La Rochefoucauld contrasts with the enthusiasm of Vauvenargues' confidence in the natural basis of social altruism. The belief that selfish motives and benevolent action can and should be harmonised (explored by La Rochefoucauld and preached by Vauvenargues) is shared by pragmatic and idealistic observers of human nature alike in the eighteenth century. Compliance to such a view of morality is easiest for those who, like

[36] In La Rochefoucauld, *Réflexions, sentences, et maximes morales,* ed. G. Dupléssis; preface, C.-A. Sainte-Beuve (Paris: Jannet, 1853), pp. xi-xii.

[37] La Rochefoucauld, 'De la différence des esprits', 1, 326. Vauvenargues, *Maxime* 291 and *variante*, cited *supra*, p. 67.

Vauvenargues, consider virtuous motivation to be natural.[38] Moreover, Vauvenargues envisages a type of self-interest which actually promotes social virtues: 'J'en ai vu à qui l'intérêt avait enseigné la prudence, la justice et l'honnêteté qui n'étaient point dans leur fonds . . .' (1, 350). Vauvenargues' intuitive kind of enlightened self-interest is extended to the context of general, social morality:

Il y a des semences de bonté et de justice dans le cœur des hommes. Si l'intérêt propre y domine, j'ose dire que cela est, non-seulement selon la nature, mais aussi selon la justice, pourvu que personne ne souffre de cet amour-propre, ou que la société y perde moins qu'elle n'y gagne. [*Maxime* 294]

Pascal is Vauvenargues' target here, at least as much as La Rochefoucauld. Pascal insists on the incorrigible injustice of self-love.[39] Vauvenargues' understanding of self-interest is

[38] Robert Mauzi gives the following account of the utilitarian view of interest and benevolence, which resembles La Rochefoucauld's account of our self-interest in obliging others (*Maxime* 83): 'Travailler à leur bonheur n'est pas jouer à fonds perdus. C'est engager autrui à une réciprocité de services, où il y a toujours quelque chose à gagner. En réalité, on ne se sacrifie jamais aux autres. On ne fait que leur consentir, à terme plus ou moins long, un prêt dont on perçoit des intérêts solides. La vertu est en somme la banque du bonheur.' *L'Idée du bonheur au XVIIIe siècle*, p. 582. Mauzi goes on to show that such virtue, for those who find it in conformity with nature, 'n'est pas se vaincre, mais s'accomplir' (p. 582). Finally, although the need for the practice of *bienfaisance* is common to various moral perspectives in the eighteenth century, the ethical interpretations given it vary considerably and reflect the ambiguity inherent in the coalescence of private and public interests: 'Entre l'idéalisme moral et un simple pragmatisme du bonheur, les XVIIIe siècle n'a jamais clairement choisi.

'Les ambiguités s'expliquent par la nécessité de concilier les contraires. Il faut permettre et promettre aux individus le bonheur qu'ils revendiquent, tout en veillant à l'ordre social.' (Page 583.)

[39] Jules Barni considers the polemics in Vauvenargues' *Maximes* to be aimed principally against the negation of human virtues, in which the analysis of self-love plays an essential role: 'Les maximes qui sont à l'adresse de La Rochefoucauld ne sont pas moins nombreuses chez lui que celles qui s'adressent à Pascal; et d'ailleurs comme ces deux esprits, si différents, se rencontrent en ce point qu'ils nient également les vertus humaines, les maximes de Vauvenargues qui ont pour but de les rétablir, s'appliquent ainsi tout ensemble à l'un et à l'autre.' *Les moralistes français au dix-huitième siècle* (Paris: Librairie Germer Baillière, 1873), p. 52.

similar to Voltaire's, especially as reflected in the latter's
remarks on the *Pensées* of Pascal:

XI. (*Nous naissons injustes; car chacun tend à soi. Cela est contre tout ordre.
Il faut tendre au général; et la pente vers soi est le commencement de tout
désordre en guerre, en police, en économie, etc.*' [Pascal, *Pensée* 477 Br.]

Cela est selon tout ordre. Il est aussi impossible qu'une société
puisse se former et subsister sans amour-propre, qu'il serait impossible de faire des enfants sans concupiscence, de songer à se nourrir
sans appétit, etc. C'est l'amour de nous-même qui assiste l'amour
des autres; c'est par nos besoins mutuels que nous sommes utiles
au genre humain; c'est le fondement de tout commerce; c'est
l'éternel lien des hommes. Sans lui il n'y aurait pas eu un art inventé,
ni une société de dix personnes formée. C'est cet amour-propre,
que chaque animal a reçu de la nature, qui nous avertit de respecter
celui des autres.[40]

Thus Voltaire laid the foundation for Vauvenargues' rehabilitation of self-love as a natural incentive to sociability.

La Rochefoucauld, like Miton in the *Pensées*,[41] had succeeded
in 'covering' self-love in a cloak of social amenities, without
altering the injustice inherent in *le moi*:

En un mot, le *moi* a deux qualités: il est injuste en soi, en ce qu'il
se fait centre du tout; il est incommode aux autres, en ce qu'il les
veut asservir; car chaque *moi* est l'ennemi et voudrait être le tyran
de tous les autres. Vous en ôtez l'incommodité, mais non pas
l'injustice. . . .[42]

La Rochefoucauld elaborates a means of controlling and con-
verting to harmonious social use the brute force of self-love,
which, if unleashed, would recreate the natural state of war

[40] Voltaire, *Lettres philosophiques*, p. 152. *Cf.* Voltaire's *Traité de métaphysique* (1734) in his *Œuvres complètes*, vol. 22 (Paris: Garnier, 1879), pp.
223-7.
[41] Pascal, *Œuvres complètes* (Bibliothèque de la Pléiade), *Pensée* 136 (Br.
455), pp. 1126-7. Miton had given the following view of socially regulated
self-love of his work *Sur l'honnêteté*: 'C'est ce ménagement de bonheur
pour nous et pour les autres que l'on doit appeler *honnêteté*, qui n'est, à le
bien prendre, que *l'amour-propre bien réglé.*' Cited by Sainte-Beuve, *Œuvres*,
II (Paris: Bibliothèque de la Pléiade, 1951) pp. 606-7.
[42] Pascal, *op. cit.*, p. 1127.

Hobbes had postulated:

La justice n'est qu'une vive appréhension qu'on nous ôte ce qui nous appartient; de là vient cette considération et ce respect pour tous les intérêts du prochain et cette scrupuleuse application à ne lui faire aucun préjudice. Sans cette crainte qui retient l'homme dans les bornes des biens que la naissance ou la fortune lui a donnés, pressé par la violente passion de se conserver, comme par une faim enragée, il ferait des courses continuellement sur les autres.[43]

This impulse to self-preservation is offset, for Vauvenargues, by an equally natural motivation beyond the imperfect limitations of the self via *amour de nous-mêmes* (1, 30). Despite this optimistic potential for virtuous action, Vauvenargues perceived the power struggle among men, like that among beasts, as in accord with a kind of natural selection, 'de sorte que tout s'execute dans l'univers par violence' (*Maxime* 187). The weak seek the protection of the laws (*Maxime* 188), but the establishment of social order is credited to the strength of reason and virtue, not fear: 'Si l'ordre domine dans le genre humain, c'est une preuve que la raison et la vertu y sont les plus fortes' (*Maxime* 193). Despite their disagreement on the sense of the terms *amour-propre* and *intérêt*, La Rochefoucauld and Vauvenargues tend to agree on the possible accommodation of these principles to the welfare and pleasure of others in society.[44]

[43] This is the most striking version of the suppressed maxim 578 found in the Liancourt manuscript (109), in *Maximes*, ed. Jacques Truchet, p. 422. Hobbes distinguishes three elements in human nature (which La Rochefoucauld's use of *amour-propre* encompasses) which lead to the state of war, unless checked by fear of a common power: 'In the nature of man we find three principal causes of quarrel: first, competition; secondly, diffidence; thirdly, glory. The first makes men invade for gain, the second for safety, and the third for reputation. . . . Hereby it is manifest that, during the time men live without a common power to keep them all in awe, they are in that condition which is called war, and such a war as is of every man against every man.' *Leviathan, Parts I and II*, p. 106. La Rochefoucauld had personally experienced such a breakdown of restraint in the time of the Fronde.

[44] Paul Bénichou views the final goal of La Rochefoucauld's *Maximes* as a civilisation, not a doctrine of salvation: 'Cette civilisation est difficile à établir. On aura remarqué le ton retenu de La Rochefoucauld quand il la définit, comme si l'espoir de la réaliser était chétif, et la marge qui sépare l'amour-propre brutal de l'amour-propre policé, malaisée à franchir de

Vauvenargues may be considered among the small number
of men praised by the *Encyclopédie* in the article 'Intérêt' for
liberating *amour-propre* from its equation with vice by seventeenth-century moralists.[45] However, La Rochefoucauld should
not be considered synonymous with Pascal and Nicole. In tone
and content La Rochefoucauld retains a position independent
of Pascal and Nicole on this subject.[46] Maxims such as the
following may have encouraged a reconsideration of self-love's
moral potential: 'L'intérêt, que l'on accuse de tous nos crimes,
mérite souvent d'être loué de nos bonnes actions' (*Maxime* 305).

Self-love and interest affect nearly every aspect of our lives,

---

façon durable. Mme de Sablé et l'abbé d'Ailly qui publièrent leur *Maximes*
deux ans avant la mort de La Rochefoucauld, en 1678, célèbrent avec plus
de confiance que lui l'harmonie des amours-propres bien entendus. La
Rochefoucauld va prudemment dans ce sens. La confiance n'est pas son
fort. Il n'est pas sûr que les hommes soient en état d'atteindre le but qu'il
leur propose, et qu'il faut apparemment leur proposer sans cesse de peur
qu'ils ne l'oublient. Néanmoins il est clair qu'il n'en voit pas d'autre. . . .'
L'Ecrivain et ses travaux, p. 33. It is this kind of contrast between confidence in man's ability to lead a socially virtuous life under the banner of
broadly defined self-love and the doubt as to man's merit to achieve that
goal which separates Vauvenargues' social philosophy from that of La
Rochefoucauld.

[45] The article 'Intérêt' of the 1765 edition of the *Encyclopédie* is cited by
Jean Bourdeau in his *La Rochefoucauld* (Paris: Hachette, 1895), p. 179: 'Au
XVIIIe siècle on a fait de l'amour-propre un principe vicieux. Nicole a
composé vingt volumes sur ce sujet de morale et La Rochefoucauld a
écrit presque dans le même esprit que Pascal et Nicole.

'Pascal et La Rochefoucauld, qui étaient entre les mains de tout le
monde, ont insensiblement accoutumé le public français à prendre toujours
le mot amour-propre en mauvaise part. Ce n'est qu'au XVIIIe siècle qu'un
petit nombre d'hommes commencent à n'y plus attacher nécessairement
les idées de vice et d'orgueil.' *Cf.* Vauvenargues, *Maxime* 290: 'Est-il
contre la raison ou la justice de s'aimer soi-même? Et pourquoi voulons-
nous que l'amour-propre soit toujours un vice?'

[46] Although I feel that W. G. Moore overstates his case somewhat in
stressing the difference in tone which characterises the *Maximes* of La
Rochefoucauld, the absence of explicit condemnation of self-love is worth
noting: 'Nicole, and even Pascal, write about *amour-propre* with real
abhorrence, as of a sin. LR seems more detached, more concerned
patiently to uncover layers of behaviour not generally perceived, mineral
deposits, one might say. Adam Smith will write with similar detachment
of the self-interest of the tradesman.' *La Rochefoucauld: his Mind and Art,*

in the opinion of both La Rochefoucauld and Vauvenargues. In order to consider how these concepts function in behavioural situations we will concentrate on the effects of self-love and interest on friendship.

The prime criterion used by Vauvenargues to distinguish selfish self-love from that which is altruistic is the degree of preference for self or for others at a given moment in time. For La Rochefoucauld the satisfaction of one's desires does not negate the possibility of serving others more than self. Such accommodation of others can moderate egoism. Ostensibly altruistic action, although self-gratifying, is a sign of perfection in social intercourse:

> Nous ne pouvons rien aimer que par rapport à nous, et nous ne faisons que suivre notre goût et notre plaisir quand nous préférons nos amis à nous-mêmes; c'est néanmoins par cette préférence seule que l'amitié peut être vraie et parfaite. [*Maxime* 81[47]]

Although La Rochefoucauld does not assign the name *amour de nous-mêmes* to this motivation, it serves an analogous role. Unfortunately, such ideal friendship is even rarer than true

---

p. 102. George Grappe goes so far as to deny La Rochefoucauld's right to the title 'moraliste' because of his objectivity: 'Il décrit ce qu'il voit, sans s'indigner et sans s'inquiéter du remède.' *La Rochefoucauld: textes choisis et commentés* (Paris: Plon, 1914), p. 167. Gabriel de La Rochefoucauld, in his edition of *La Première Rédaction des 'Maximes' de La Rochefoucauld* (Paris: Société des écrivains amis des livres, 1927) insists on this clinical stance on the part of the *Maximes*'s author: 'L'amour-propre est combattu dans les *Pensées* de Pascal, chez La Rochefoucauld il est enregistré comme un fait, une observation à la manière des positivistes' (p. xiv).

[47] Jacques Truchet notes in his critical edition of the *Maximes* that this maxim represents the conclusion of La Rochefoucauld's thoughts on the nature of friendship 'qui résume en quelques mots toute une dialectique: ultime fusion des tendances égocentristes et altruistes, qui cessent de se combattre pour s'aider mutuellement à s'accomplir' (Introduction, p. lxvii). Lester Crocker sees such a fusion as the common denominator of the enlightened self-interest concept in France: 'The enlightened self-interest theory developed slowly but substantially in France. Its essential theme was always the same. "Virtue seems to be a preference of others to oneself," wrote Abbadie. "I say that it seems to be, because it is really certain that virtue is only a way of loving oneself, much more noble and sensible than all others. . . ." ' *Nature and Culture: Ethical Thought in the French Enlightenment* (Baltimore: Johns Hopkins Press, 1963), p. 269.

love (*Maxime* 473). In general, 'la plupart des amis dégoûtent
de l'amitié' (*Maxime* 427).

Vauvenargues' view of friendship is much the same: 'C'est
l'insuffisance de notre être qui fait naître l'amitié, et c'est
l'insuffisance de l'amitié même qui la fait périr' (1, 39). When a
mutual desire to dominate exists between friends, the *amour-
propre* of each is piqued. This, then, leads to a dissolution of
the friendship (1, 39-40). However, more durable friendships
do exist 'dans les esprits timides et sérieux, dont l'âme connaît
la vertu' (1, 40). For Vauvenargues the pleasure we derive from
friendship or love in no way discredits its moral worth when
expressed in terms of altruistic *amour de nous-mêmes*. On the
contrary, friendship has an inestimable, salutary effect on those
who are sensitive to its charm:

Elle soulage leur cœur oppressé sous le mystère et sous le poids du
secret, détend leur esprit, l'élargit, les rend plus confiants et plus
vifs, se mêle à leurs amusements, à leurs affaires et à leurs plaisirs
mystérieux: c'est l'âme de toute leur vie. [1, 40]

La Rochefoucauld, in a posthumous maxim, also revealed an
admiration for the merits of true friendship, despite the low
priority most men accord it: 'Un véritable ami est le plus grand
des biens et celui de tous qu'on songe le moins à acquérir'
(*Maxime* 544). In an eloquent letter to his friend Jules-François-
Paul Fauris de Saint-Vincens, Vauvenargues extols the delights
of friendship, which prove the superiority of *amour de nous-
mêmes* over *amour-propre*:

J'ai fait l'expérience de tout ce que l'amitié peut ajouter de douceur
et de sensibilité aux joies les plus naturelles.
    En vérité, mon cher Saint-Vincens, rien n'est parfait sans l'amitié,
rien n'est sensible; je plains ceux qui la négligent, et qui ne veulent
chercher leur bonheur que dans eux-mêmes. . . . Le feu de l'orgueil,
de la gloire, se consume bientôt lui-même, lorsqu'il ne tire point
de nourriture du dehors; il tombe, il périt, il s'éteint; et alors, mon
cher Saint-Vincens, l'homme éprouve de la douleur; il en reconnaît
le pouvoir, et ne trouve au-dedans de lui que ce vide épouvantable
que vous avez éprouvé. Les hommes . . . ne font qu'une société,
l'univers entier n'est qu'un tout, il n'y a dans toute la nature qu'une
seule âme, un seul corps; celui qui se retranche de ce corps fait

périr la vie en lui, il se sèche, il se consume dans une affreuse langueur; il est digne de compassion. [II, 224-5]

Egotism lacks the inner fuel needed to sustain action or enthusiasm. Man is naturally led to seek his pleasure outside himself. The virtuous and the sensitive are able to see themselves as part of the whole and are infinitely enriched thereby.

La Rochefoucauld views the majority of friendships as a 'commerce ou l'amour-propre se propose toujours quelque chose à gagner' (*Maxime* 83). In the first edition version of this maxim the debasing effect of the ironic contrast between friendship and a business deal is heightened: '*L'amitié la plus désintéressee* n'est qu'un trafic . . .'.[48] According to Vauvenargues, 'la vertu n'est pas un trafic, mais une richesse' (I, 378, note 4). La Harpe objected that La Rochefoucauld was abusing the sense of the word *amour-propre*:

Si La Rochefoucauld a voulu dire que cet amour de nous entre dans '*l'amitié la plus désintéresseé*, c'est une vérité, et non pas un reproche; car nul ne peut se séparer absolument de lui-même. Mais s'aimer ainsi dans un autre n'est point un *commerce d'amour-propre*, du moins dans l'acceptation vulgaire de ce mot, qui répond à celle d'intérêt personnel: c'est, au contraire, l'usage le plus noble de cette heureuse faculté d'étendre nos sentiments hors de nous, et de nous retrouver dans autrui. On sait combien cet attrait réciproque a produit d'actions héroïques, et cet héroisme ne sera pas détruit par la sentence équivoque et vague de La Rochefoucauld.

This reaction illustrates the feeling of ambiguity aroused by La Rochefoucauld's stance on forms of self-interest which reach obstensibly beyond the self. Although most of Vauvenargues' writings are devoted to refuting La Rochefoucauld's

[48] Cited in La Rochefoucauld, *Œuvres*, I, 66, note 4, where Gilbert also notes the following statement by Saint-Evremond, reflecting La Rochefoucauld's view of friendship: 'Il est certain que l'amitié est un commerce; le trafic en doit être honnête; mais enfin c'est un trafic.' In a first-edition form of maxim 247 the virtue of fidelity also becomes a business arrangement: 'La fidélité est une invention *rare* de l'amour-propre, *par laquelle l'homme, s'érigeant en dépositaire des choses précieuses, se rend lui-même infiniment précieux. De tous les trafics de l'amour-propre, c'est celui où il fait le moins d'avances et de plus grands profits* . . .' (I, 131, note 3).

reduction of traditional moral values to egocentric self-love, they are in agreement concerning the influence of selfish motives in most social relationships, as illustrated by the following maxim, withdrawn after Vauvenargues' first edition:

En amitié, en mariage, en amour, en tel autre commerce que ce soit, nous voulons gagner; et, comme le commerce des parents, des frères, des amis, des amants, etc., est plus continu, plus étroit et plus vif que tout autre, il ne faut pas être surpris, d'y trouver plus d'ingratitude et d'injustice. [*Maxime* 825]

One might conclude, as did Mirabeau on occasion, that Vauvenargues simply had a penchant for debating both sides of an issue.[49] However, the maintenance of a distinction between the mediocrity of the majority of men and the excellence of an elite serves to reconcile paradoxes in the maxims of both La Rochefoucauld and Vauvenargues. In the case in point, Vauvenargues acknowledges the presence of self-love in the most common types of social interaction, but the elite can surpass the limitations of egocentricity and attain true virtue.[50]

Clearly, we are in a realm of undebatable, personal experiences. Vauvenargues and others felt confident in their practice of virtue and the pleasurable sensation which accompanies *bienfaisance*. They sense that man's love can extend beyond the confines of self to join with the object it contemplates. For La Rochefoucauld any conscious interest is immediately in touch with self-love. Perhaps this helps explain why perfect love must remain unconscious (*Maxime* 69). Were it known to us, our interest in that object, stirring selfish *amour-propre* (*Maxime* 510), would soon threaten its purity.

It is important to keep in mind that selfish *amour-propre* is as natural for Vauvenargues as is its altruistic counterpart. In defining self-love's sphere of influence Vauvenargues at times seems to take over where La Rochefoucauld left off. For example, La Rochefoucauld did not include paternal or filial

[49] See Mirabeau's letter to Vauvenargues dated 25 May 1740: 'Vos préjugés sont des principes fondamentaux, dans l'instant ou vous les adoptez; il est vrai que votre talent pour saisir et soutenir également le pour et le contre, détruit bientôt vos premiers autels, pour en elever d'autres' (II, 208).

[50] *Cf. supra*, pp. 66-7.

love in his gallery of virtues and affections under the sway of self-love. Emile Faguet speculates that this omission represents a tacit admission on the part of La Rochefoucauld that the reduction of such feeling to *amour-propre* would have belied nature: 'Disons mieux: il ne l'a pas cru, et il a abandonné son système, là où son système devenait faux.'[51] Without attempting to dispute this rather moot point, it is interesting to note that, while being repulsed by La Rochefoucauld's application of self-love to courage, pity, love and generosity, Vauvenargues insisted on the identity of *amour-propre* with parental love.[52] The absence of self-love explains the relative weakness of filial affection. Only rarely does a feeling of gratitude compensate for this deficiency. Finally, *amour-propre* is seen as a possible source of love between brothers (1, 37-8).

Vauvenargues maintained the absolute equivalence of paternal love with self-love despite Voltaire's objections (later reiterated by La Harpe) that this was inconsistent with the distinction he had established between *amour-propre* and *amour de nous-mêmes*. The assumption here is that Vauvenargues really meant the latter in regard to parental affection. But, as Gilbert notes, Vauvenargues' intention seems clear in his insistence on the term *amour-propre*:

Si, malgré l'avis de Voltaire, l'auteur a maintenu le mot, c'est qu'en effet il n'entend parler ici que de *l'idée de propriété*, comme il l'appelle, et de la part d'égoïsme qui entre, à cet égard, dans cette affection [1, 36, note 2]

There can be little doubt that Vauvenargues' penetrating analysis of the power of self-love is indebted to the earlier analyses of La Rochefoucauld, but Vauvenargues proves himself an original thinker in his limitation or extension of aspects of self-love found in his predecessor.

Perhaps the most unique aspect of Vauvenargues' thought on the subject of self-love, *vis-à-vis* La Rochefoucauld, is the

---

[51] *Dix-septième siècle: études littéraires* (Paris: Société française d'imprimerie et de librairie, 1898), p. 76.

[52] 'L'amour paternel ne diffère pas de l'amour-propre. Un enfant ne subsiste que par ses parents, dépend d'eux, vient d'eux, leur doit tout; ils n'ont rien qui leur soit si propre.' (1, 37.)

expansion of a commitment to social justice beyond the confines of self-interest: 'On ne peut être juste si on n'est pas
humain' (*Maxime* 28). Vauvenargues' humanism encompasses
in its universal empathy all levels of society. Reason and
sentiment are enlisted in the exposition of Vauvenargues' love
of common humanity in preference to the exclusive love of
self.

In his eighth *Dialogue*, 'Platon et Denys le tyran', Vauvenargues makes the latter a spokesman for absolute egotism as
the only constant factor in man's heart:

> *Denys.* Oui, je le maintiens, mon cher philosophe, la pitié, l'amitié,
> la générosité, ne font que glisser sur le cœur de l'homme; pour
> l'équité, il n'y en a aucun principe dans sa nature.
> *Platon.* Quand il serait vrai que les sentiments d'humanité ne
> seraient point durables dans le cœur de l'homme. . . .
> *Denys.* Cela ne peut être plus vrai; il n'y a de durable dans le cœur
> de l'homme que l'amour-propre.   [II, 58]

In the rest of the dialogue we find that *amour-propre* is being
used as an excuse for selfishness and as a means of negating
any obligation to social justice. This parallels the immortal
effect Vauvenargues deplored in La Rochefoucauld's *Maximes*.
Plato argues that natural reason should, in the absence of
virtuous instincts, reveal the need for equity and justice to men
(II, 59). The two part irreconcilable enemies, much like the
stereotyped roles traditionally ascribed to La Rochefoucauld
and Vauvenargues:

> *Platon.* Adieu; je ne veux point infecter mon esprit du poison
> dangereux de vos maximes.
> *Denis.* Et moi, je veux toujours haïr les vôtres; la vertu me condamne
> avec trop de rigueur pour que je puisse jamais la souffrir.
>   [II, 59-60]

As Gilbert notes (II, 60, note 1), Vauvenargues seems to merit
the reproach he levelled at Corneille—that he substituted
himself too visibly for his characters, while speaking in their
name.

Reason is not the only corrective to the abuses of egotism.
Vauvenargues cherishes the 'sentiments d'humanité' which
La Rochefoucauld often credited to selfish interests. In pity,

for example, Vauvenargues discerns a human feeling which can remain unblemished by self-centredness:

La pitié n'est qu'un sentiment mêlé de tristesse et d'amour; je ne pense pas qu'elle ait besoin d'être excitée par un retour sur nous-mêmes, comme on le croit. Pourquoi la misère ne pourrait-elle sur notre cœur ce que fait la vue d'une plaie sur nos sens? . . . Notre âme est-elle incapable d'un sentiment désintéressé? [1, 43]

La Rochefoucauld's evaluation of pity is in direct opposition to that of Vauvenargues. In his self-portrait La Rochefoucauld reveals a personal disinclination for the passion of pity:

Je suis peu sensible à la pitié, et je voudrais ne l'y être point du tout. Cependant il n'est rien que je ne fisse pour le soulagement d'une personne affligée; et je crois effectivement que l'on doit tout faire, jusques à lui témoigner même beaucoup de compassion de son mal; car les misérables sont si sots, que cela leur fait le plus grand bien du monde. Mais je tiens aussi qu'il faut se contenter d'en témoigner, et se garder soigneusement d'en avoir. C'est une passion qui n'est bonne à rien au dedans d'une âme bien faite, qui ne sert qu'affoiblir le cœur, et qu'on doit laisser au peuple, qui n'exécutant jamais rien par raison, a besoin de passions pour le porter à faire les choses. [1, 9-10]

In the *Maximes* pity is further reduced to 'un sentiment de nos propres maux dans ceux d'autrui; c'est une habile prévoyance des malheurs où nous pouvons tomber' (*Maxime* 264).[53] In another maxim compassion is found to conceal more pride

[53] Hobbes's definition of pity in the *Leviathan* helps us to understand the noble disdain La Rochefoucauld feels for a passion which would tend to identify him with the wicked wretch's lot through such sympathy: 'Grief for the calamity of another is PITY, and arises from the imagination that the like calamity may befall himself, and therefore is called also COMPASSION, and in the phrase for this present time a FELLOW-FEELING: and therefore for calamity arriving from great wickedness, the best men have the least pity; and for the same calamity those hate pity that think themselves least obnoxious to the same.' Part I, ch. 6, 'Of the passions', p. 58. La Bruyère offers a similar, though more sympathetic view of the nature of compassion: 'La santé et les richesses, ôtant aux hommes l'expérience du mal, leur inspirent la dureté pour leurs semblables; et les gens déjà chargés de leur propre misère sont ceux qui entrent davantage par la compassion dans celle d'autrui.' *Les Caractères*, No. 79, 'De l'homme', p. 323. *Cf.* Vauvenargues, 1, 97, cited *infra*, p. 86.

than benevolence (*Maxime* 563). La Rochefoucauld's opinion on this subject is not atypical of his age. Malebranche as well expressed reservations about natural pity, felt rather than rationally discharged:

Celui qui donne son bien aux pauvres ou par vanité, ou par une compassion naturelle, n'est point libéral, parce que ce n'est point la raison qui le conduit, ni l'ordre qui le règle: ce n'est qu'orgueil, ou que disposition de machine.[54]

In marked contrast to such views is Vauvenargues' veiled self-portrait as 'Alceste, ou l'*Amour ingénu*', who gives all his money to a *misérable* in a spontaneous outpouring of pity (1, 301). Far from relegating compassion to the unthinking masses, Vauvenargues considers this sentiment a basic ingredient in the moral make-up of his virtuous elite: 'L'humanité est la première des vertus' (*Maxime* 441). Although even the most virtuous of men are fallible, nature provides subtle reminders of the frailty of life which soften their moments of harshness:

Les âmes les plus généreuses et les plus tendres se laissent quelquefois porter par la contrainte des événements jusqu'à la dureté et à l'injustice; mais il faut peu de choses pour les ramener à leur caractère, et les faire rentrer dans leurs vertus. La vue d'un animal malade, le gémissement d'un cerf poursuivi dans les bois par des chasseurs, l'aspect d'un arbre penché vers la terre et traînant ses rameaux dans la poussière, les ruines méprisées d'un vieux bâtiment, la pâleur d'une fleur qui tombe et qui se flétrit, enfin toutes les images du malheur des hommes réveillent la pitié d'une âme tendre, contristent le cœur, et plongent l'esprit dans une rêverie attendrissante. [1, 97]

Like Vauvenargues, Jean-Jacques Rousseau will insist upon the emancipation from egotism which the natural sentiment of pity facilitates. Here is an analogous example of compassion prompted by the sight of a suffering animal in *Emile*:

En effet, comment nous laissons-nous émouvoir à la pitié, dit le Vicaire, si ce n'est en nous transportant hors de nous et nous identifiant à l'animal souffrant, en quittant pour ainsi dire notre

[54] Cited by J. Charbonnel in his edition of La Rochefoucauld's *Maximes choisies, suivies d'extraits des moralists du XVIIe siècle* (Paris: Larousse, 1935), p. 83, note 3.

être pour prendre le sien. Nous ne souffrons qu'autant que nous jugeons qu'il souffre; ce n'est pas dans nous, c'est dans lui que nous souffrons.[55]

Instinctive compassion is a fundamental trait of Rousseau's moral ideal.

In Rousseau's *Discours sur l'origine de l'inégalité parmi les hommes* pity is the only innate virtue Rousseau recognises in natural man 'pour adoucir en certaines circonstances, la férocité de son amour-propre ou le désir de se conserver avant la naissance de cet amour. . . .'[56] This is the role ascribed to compassion by Vauvenargues. In a note of clarification Rousseau makes a firm distinction between *l'amour de soi-même* and *l'amour-propre* which is somewhat similar to Vauvenargues' division of self-love into two separate moral polarities:

L'amour de soi-même est un sentiment naturel qui porte tout animal à sa propre conservation, et qui, dirigé dans l'homme par la raison et modifié par la pitié, produit l'humanité et la vertu. L'amour-propre est un sentiment relatif, factice, et né dans la société, qui porte chaque individu à faire plus de cas de soi que de tout autre, qui inspire aux hommes tous les maux qu'ils se font mutuellement. . . .[57]

Voltaire, too, assigns separate functions to self-love and benevolence but, like Vauvenargues, he considers both to be natural instincts.[58]

While La Rochefoucauld relegates pity to the domain of self-interest (*Maxime* 264), Rousseau considers compassion naturally anterior, and superior, to the calculations of reflection:

---

[55] *Œuvres complètes*, II (Paris: Hachette, 1884), p. 193.

For further discussion of compassion in Rousseau see Isaak Benrubi, *L'Idéal moral chez Rousseau, Mme de Staël et Amiel* (Paris: Alcan, Presses Universitaires de France, 1940), pp. 96-8.

[56] *Œuvres complètes*, I, 98.

[57] *Ibid.*, p. 149, note (o).

[58] Voltaire, *Œuvres complètes*, vol. 32, *Supplément aux œuvres en prose* (Paris: Garnier, 1883), p. 555: 'Il paraît que la Nature nous a donné l'amour-propre pour notre conservation, et la bienveillance pour la conservation des autres. Et peut-être que sans ces deux principes, dont le premier doit être le plus fort, il ne pourrait y avoir de société.'

Tel est le mouvement pur de la nature, antérieur, à toute réflexion; telle est la force de la pitié naturelle, que les mœurs les plus dépravées ont encore peine à détruire. . . .[59]

Vauvenargues' concept of compassion, like the pluralistic *amour de nous-mêmes*, reaches out to others and is capable of embracing all humanity in its generous elan:

L'homme du monde même le plus ambitieux, s'il est né humain et compatissant, ne voit pas sans douleur le mal que les dieux lui épargnent; fût-il même peu content de sa fortune, il ne croit pourtant pas le mériter encore, quand il voit des misères plus touchantes que la sienne; comme si c'était de sa faute qu'il y eut d'autres hommes moins heureux que lui, sa générosité l'accuse en secret de toutes les calamités du genre humain, et le sentiment de ses propres maux ne fait qu'aggraver la pitié dont les maux d'autrui le pénètrent. [I, 97]

The widened sense of responsibility for his fellow man and awareness of social injustices of his age, apparent in Vauvenargues' writings, orient his moral perspective towards a sympathetic view of his fellow man, in contrast to that of La Rochefoucauld's 'anatomie du cœur humain':[60]

Ce n'est pas mon dessein de montrer que tout est faible dans la nature humaine, en découvrant les vices de ce siècle; je veux, au contraire, en excusant les défauts des premiers temps, montrer qu'il y a toujours eu dans l'esprit des hommes une force et une grandeur indépendantes de la mode et des secours de l'art. Je suis bien éloigné de me joindre à ces philosophes qui méprisent tout dans le genre humain, et se font une gloire misérable de n'en montrer que la faiblesse. [I, 162[61]]

[59] Rousseau, *Œuvres complètes*, I, 99.
[60] La Rochefoucauld, *Œuvres complètes* (Bibliothèque de la Pléiade), *Lettre* 93, 'Au Père Thomas Esprit', 6 February 1665, p. 630.
[61] In his seventeenth *Réflexion*, 'Des événements de ce siècle', La Rochefoucauld's intention contrasts sharply with that expressed here by Vauvenargues. La Rochefoucauld's conclusion confirms the eternity and universality of vice, as well as the moral degradation of contemporary society: 'Les vices sont de tous les temps; les hommes sont nés avec de l'intérêt, de la cruauté et de la débauche; mais si des personnes que tout le monde connoît avoient paru dans les premiers siècles, parleroit-on présentement des prostitutions d'Héliogabale, de la foi des Grecs, et des poisons et des parricides de Médée?' (I, 343.)

Gilbert noted the centrality of this sympathetic outlook:

Cette indulgence et ce respect pour l'homme est un des principaux
points de la morale de Vauvenargues . . . quant aux philosophes
pessimistes dont il parle ici, il n'est pas douteux qu'il n'ait en vue
Pascal, et surtout La Rochefoucauld; à tout moment Vauvenargues
prend à partie ce dernier, sans le nommer. [1, 162, note 2]

Notwithstanding Vauvenargues' sense of the differences which
separate him from the morality of La Rochefoucauld, we will
attempt in the next chapter to show that the force and greatness
independent of fashion and artifice which Vauvenargues
champions are not really scorned by La Rochefoucauld.

But there seems to be little doubt that Vauvenargues viewed
La Rochefoucauld as a prototype of the severe one-system
philosopher[62] pictured in the *Caractère* 'Masis':

Masis voudrait assujétir le genre humain à une seule règle, qui est
celle qu'il vient d'adopter après bien des variations, et que, bientôt
peut-être, il quittera pour une autre. . . . Où Masis a vu de mauvaises
qualités, jamais il ne veut en reconnaître d'estimables; ce mélange
de faiblesse et de force, de grandeur et de petitesse, si naturel aux
hommes, ne l'arrête pas; il ne sait rien concilier, et l'humanité, cette
belle vertu qui pardonne tout, parce qu'elle voit tout en grand, n'est
pas la sienne. Quoiqu'il ait besoin, plus que personne peut-être de
l'indulgence qu'il refuse aux autres, il recherche les motifs cachés
de ceux qui font bien, et n'excuse jamais ceux qui font mal. . . . Il
ne loue aucun homme vivant, et on ne lui parle d'aucun misérable
qui n'ait mérité son malheur; il est dispensé par ses maximes
d'aimer, d'estimer ou de plaindre qui que ce soit. [1, 305]

Vauvenargues contrasts the portrait he painted of Masis with
an alternative moral vision of comprehensive indulgence:

Je veux une humeur plus commode et plus traitable, un homme
humain, qui, ne prétendant point à être meilleur que les autres
hommes, s'étonne et s'afflige de les trouver plus fous encore ou plus
faibles que lui; qui connaît leur malice, mais qui la souffre; qui sait
encore aimer un ami ingrat ou une maîtresse infidèle; à qui, enfin,
il en coûte moins de supporter les vices, que de craindre ou de haïr

---

[62] Vauvenargues, like so many others, considers that La Rochefoucauld
systematically reduced all human virtues to self-love (II, 82).

G

ses semblables, et de troubler le repos du monde par d'injustes et inutiles sévérités. [I, 305-6]

These contrasting approaches to life, exaggerated though they may be, serve to underscore the clemency with which Vauvenargues views man's shortcomings. The inspiration of La Rochefoucauld's *Maximes* is quite different. Clearly, they tend to deflate man's self-image, warped by the flattery of *amour-propre*.

In view of the complexity of the subject of self-love, it may be useful to summarise the major points of contact and of divergence which mark La Rochefoucauld's and Vauvenargues' approach to this aspect of human nature. First of all, there is basic agreement on the fundamentally amoral, naturalistic or deterministic nature of self-love. It is a necessary element in the human condition which one cannot possibly hope to eradicate. Furthermore, no conscious action can be totally independent of the influence of self-love (understood in its dual aspect by Vauvenargues). Actions motivated by self-love may be socially detrimental or beneficial, depending upon its management. Both La Rochefoucauld and Vauvenargues accept the social morality of their time (understood as *bienséance* or *honnêteté* for La Rochefoucauld, and as *bienfaisance* for Vauvenargues)[63] as a proper guide for the most useful development of self-love. Since the enlightened use of self-love implies dispelling our blindness to the nature of our *amour-propre*, sincerity in self-study is advocated by both moralists.[64] Finally, both supersede the purely naturalistic, amoral basis of self-love, and even its socially determined merits and demerits, in the value judgements implied in their consideration of the dialectic of force and weakness which governs man's virtues and vices. This aspect of their thought, which goes beyond the subject of self-love, will be discussed in the following chapter.

The points of divergence seen in their concepts of self-love stem from Vauvenargues' insistence that the altruistic impulses of *amour de nous-mêmes* are just as natural as the selfish orienta-

[63] This utilitarian goal reflects the thought of the majority of French Enlightenment thinkers: 'L'unanimité s'accomplit sur ce point: il n'est pas de bonheur personnel sans le bonheur de tous.' Robert Mauzi, *L'Idée du bonheur au XVIIIe siècle*, p. 364.

[64] See *supra*, ch. I, pp. 16-18.

tion of *amour-propre*. Consequently, Vauvenargues views virtue as an innate attribute in man, while La Rochefoucauld's *Maximes* inspire a sceptical approach to apparent virtue. While La Rochefoucauld portrays self-love primarily as a flatterer or selfish calculator of personal interest, Vauvenargues discerns in it both a sense of satisfaction and anxiety, which in varying proportions orient men toward action or toward self-complacency. While they agree on the need for a form of social justice to check anti-social abuses of self-love, Vauvenargues is more confident in the natural accord of enlightened self-interest with social utility. His humanism is more consoling and confident in tone than La Rochefoucauld's.

Finally, the purposes served in their exposition of self-love seem to be quite different. La Rochefoucauld brings the errors and illusions of the master flatterer to light as part of his commitment to lucidity as a moral palliative to man's vitiated condition.[65] Disillusionment of the idealistic self-image projected by *amour-propre* is a principle effect of the *Maximes*. Vauvenargues, on the contrary, concentrates on the positive potential within human nature, including the altruistic characteristic of an expansive *amour de nous-mêmes*.[66] His objective is

[65] Philippe Van Tieghem discusses this aspect of La Rochefoucauld's *Maximes*: 'Il n'a nullement désiré que son œuvre fût une vue équilibrée de l'homme; dans un monde d'illusions, il a voulu désillusionner. . . .' 'Prosateurs du XVIIe siècle', in the *Encyclopédie de la Pléiade: Histoire des littératures*, III, (Paris: Gallimard, 1963), p. 467. Paul Bénichou also sees La Rochefoucauld's use of *amour-propre* as a denunciation of man's artificiality: 'Le système de l'amour-propre . . . suppose une idée de générosité ou de dépouillement de soi, que La Rochefoucauld et son lecteur tiennent pour sublime. La Rochefoucauld pense seulement que cette idée n'est nulle part réalisée dans l'humanité actuelle qui apparaît comme un simulacre de l'Homme, et il se met en devoir de la dénoncer comme tel.' *L'Ecrivain et ses travaux*, pp. 21-2.

[66] Jean A. Perkins' account of Stephen Strasser's concept of the soul resembles that of Vauvenargues in its tendency to go beyond the subjective isolation of *le moi* via the concept of *l'amour de nous-mêmes*: 'But as a transcendental "I", I am not a *solus ipse*, a solitary "I", for I and other egos constitute a transcendental intersubjectivity. Insofar as "we", as a transcendental community, constitute or coconstitute in our intentional acts the "world", we take part in the transcendental life of a creative "world foundation".' *The Concept of the Self in the French Enlightenment* (Geneva: Droz, 1969), p. 8. *Cf.* Vauvenargues, II, 29: 'Une grande âme . . . embrasse

to counter the imbalance attributed to the classical French
moralists' insistence on man's weakness. By so doing Vauvenargues hopes to encourage virtuous action.[67]

cette distance énorme entre les grands et le peuple, entre les affaires
générales de l'univers et les intérêts des particuliers les plus obscurs; elle
incorpore à soi toutes les choses de la terre; elle tient à tout; tout la touche;
rien ne lui est étranger: ni la différence infinie des mœurs, ni celle des
conditions, ni celle des pays, ni la distance des temps, ne l'empêchent de
rapprocher toutes les choses humaines, de s'unir d'intérêt à tout.'
(II, 29.)
    [67] 'Il faut exciter dans les hommes le sentiment de leur prudence et de
leur force, si on veut élever leur génie: ceux qui, par leurs discours ou
leurs écrits, ne s'attachent qu'à relever les ridicules et les faiblesses de
l'humanité, sans distinction ni égards, éclairent bien moins la raison et les
jugements du public, qu'ils ne dépravent ses inclinations' (*Maxime* 285).

IV

Virtues and vices

Vauvenargues' expository statements on the nature of virtue and vice in 'Du bien et du mal moral' are purely utilitarian.[1] They culminate in the following definition:

La préférence de l'intérêt général au personnel est la seule définition qui soit digne de la vertu et qui doive en fixer l'idée; au contraire, le sacrifice mercenaire du bonheur public à l'intérêt propre est le sceau éternel du vice. [I, 52]

Within, and at times despite, this framework Vauvenargues admired those aspects of ambition, courage and heroism which exhibit man's potential for greatness and force. Vauvenargues' personal inclination led him to admire man's strength despite the commixture of weakness inseparable from the human condition:

Je reconnais cette vérité avec douleur: il est triste que la bonté n'accompagne pas toujours la force. . . . Cependant ce qui est sain est sain, ce qui est fort est fort, etc. Les inégalités de la vertu, les faiblesses qui l'accompagnent, les vices qui flétrissent les plus belles vies, ces défauts inséparables de notre nature, mêlée si manifestement de grandeur et de petitesse, n'en détruisent pas les perfections. [I, 58]

Vauvenargues' primary target is the general negation of 'natural' virtue and individual human merit by Jansenist, *libertin* and sceptic alike. He establishes a pseudo-Pascalian

---

[1] 'Qui dit une société dit un corps qui subsiste par l'union de divers membres, et confond l'intérêt particulier dans l'intérêt général: c'est le fondement de toute la morale' (I, 50). *Cf.* Diderot's 1745 translation of Shaftesbury: 'L'intérêt particulier de la créature est inséparable de l'intérêt général de son espèce. . . .' *Essai sur le mérite*, in *Œuvres complètes*, vol. I, p. 66. See *supra*, ch. III, p. 65.

dialectic which aims at reaffirming a positive side of man's
moral character:

Une vérité s'offre à moi: ceux qui nient la réalité des vertus sont
forcés d'admettre des vices. Oseraient-ils dire que l'homme n'est
pas corrumpu et méchant? Toutefois, s'il n'y avait que des malades,
saurions-nous ce que c'est que la santé? [1, 56²]

Vauvenargues finds moral virtues to counteract the image of
a degraded humanity not in a supernatural salvation but rather
within the complexities of human nature, in all its relativity:

Il y a peut-être autant de vérités parmi les hommes que d'erreurs,
autant de bonnes qualités que de mauvaises, autant de plaisirs que
de peines; mais nous aimons à contrôler la nature humaine, pour
essayer de nous élever au-dessus de notre espèce, et pour nous
enrichir de la considération dont nous tâchons de la dépouiller.
[1, 399]

In the first of a series of maxims concerning virtues and vices[3]
Vauvenargues attacks the invention of ideal virtues as a means
of impugning real virtue:

J'ai toujours trouvé ridicule que les philosophes aient forgé une
vertu incompatible avec la nature de l'homme, et que, après l'avoir
feinte, ils aient prononcé froidement qu'il n'y avait aucune vertu.
Qu'ils parlent du fantôme de leur imagination: Ils peuvent à leur
gré l'abandonner, ou le détruire, puisqu'ils l'ont créé: mais la
véritable vertu, celle qu'ils ne veulent pas nommer de ce nom,
parce qu'elle n'est pas conforme à leurs définitions, celle qui est
l'ouvrage de la nature, non le leur, et qui consiste principalement
dans la bonté et la vigueur de l'âme, celle-là n'est point dépendante
de leur fantaisie, et subsistera à jamais, avec des caractères inéffa-
çables. [*Maxime* 296]

    [2] This line of reasoning resembles Pascal's dialectic, which shows man's
very misery to be a proof of the reality of greatness lost, as a deposed king
is miserable only because he once reigned: 'La grandeur de l'homme est si
visible, qu'elle se tire même de sa misère. Car ce qui est nature aux
animaux, nous l'appelons misère en l'homme . . . qui se trouve malheureux de n'être pas roi, sinon un roi dépossédé?' Pascal, *Pensées*, in
Œuvres complètes de Pascal (Bibliothèque de la Pléiade), p. 1158, *Pensée* 268
(Br. 409).
    [3] Maxims 296-9 reflect this theme, the last referring to the unattractive
portrait of man to be found in La Rochefoucauld's *Maximes*.

This criticism applies to La Rochefoucauld to the extent that his *Maximes* unmask virtues by revealing the impure or amoral forces which shaped them.[4] Vauvenargues' task is to show the reality and practicality of the virtues within man's grasp.[5]

La Rochefoucauld's first maxim challenges traditional virtues:

Ce que nous prenons pour des vertus n'est souvent qu'un assemblage de diverses actions et de divers intérêts que la fortune ou notre industrie savent arranger, et ce n'est pas toujours par valeur et par chasteté que les hommes sont vaillants et que les femmes sont chastes.

In earlier versions of this maxim fortune is given sole credit for fabricating virtues.[6] The *Maximes* tend to reduce accepted moral values to façades artfully erected by fortune, astute hypocrisy (*Maxime* 605), *humeur* (*Maxime* 297), the passions,[7]

[4] Jean Starobinski sees in La Rochefoucauld's moral system a means of humbling man before an unattainable hierarchy of moral values: 'L'échelle idéale des valeurs morales persiste et règne dérisoirement, sans trouver nulle part d'application réelle. . . . Si les valeurs absolues brillent encore au ciel des idées, c'est pour que le moraliste puisse dénoncer le contrafaçon que les hommes en font. L'idée de "vraie vertu" maintenue intacte, permet de démontrer qu'il n'y a presque jamais de conduite "vraiment vertueuse".' 'La Rochefoucauld et les morales substitutives, I', p.24.

[5] Vauvenargues' efforts here parallel his defence of love, in all its variety, against its restriction to a rarefied ideal by La Rochefoucauld (II, 80-81). See also *supra*, ch. II, pp. 50-1.

[6] *Variante* '. . . de diverses actions que *la fortune arrange comme il lui plaît*', found in the 1666-71 editions of the *Maximes*. The first edition (1665) contained the following as maxim 293: 'De plusieurs actions que la fortune arrange comme il lui plaît, il s'en fait plusieurs vertus.' La Rochefoucauld, *Réflexions ou sentences et maximes morales*, ed. Secretan, p. 7.

[7] 'Ce que le monde nomme vertu n'est d'ordinaire qu'un fantôme formé par nos passions, à qui on donne un nom honnête, pour faire impunément ce qu'on veut' (*Maxime* 606). Molière's *Dom Juan*, which made its debut in the same year as La Rochefoucauld's *Maximes*, reflects a similar view of virtue used as a convenient mask for egotism: 'L'hypocrisie est un vice à la mode, et tous les vices à la mode passent pour vertus. Le personnage d'homme de bien est le meilleur de tous les personnages qu'on puisse jouer aujourd'hui, et la profession d'hypocrite a de merveilleux avantages. C'est un art dont l'imposture est toujours respectée. . . . Enfin, c'est là le vrai moyen de faire impunément tout ce que je voudrai.' Acte V, scène II, *Œuvres complètes* (Paris: Seuil, 1962), p. 308.

or a mixture of such ignoble elements (*Maximes* 7 and 17).
These are 'puissances trompeuses' which play havoc with the
simplistic moral interpretation of public actions. La Rochefoucauld is not satisfied with the social benefit of individual action
as a sign of inner moral worth. He stresses the forces brought
into play in the generation of action: the arbitrary, or sinister,
nature of these hidden motives nullifies our admiration of
superficially virtuous actions.[8]

Vauvenargues does not deny La Rochefoucauld's allegations
that most men are shallow and hypocritical in their social
actions. Both view polite society as a kind of perpetual masked
ball.[9] For La Rochefoucauld we are like human puppets, whose

---

[8] In this process of analysis which reduces virtues to their irrational or
contingent components no explicit statement is needed on the part of the
author, but the reader loses the sense of reality normally attached to the
most common virtues. Paul Bénichou sees in La Rochefoucauld the
intent to devoid virtue of its moral value: 'Dire que la vertu n'existe pas,
que l'homme ne vaut rien, c'est tantôt pour La Rochefoucauld, dire que
les belles actions cachent des mobiles intéressés, tantôt qu'elles sont
nécessitées du dehors et par suite dépourvues de mérite.' *L'Ecrivain et ses
travaux*, p. 5.

[9] La Rochefoucauld, *Maxime* 256: 'Dans toutes les professions, chacun
affecte une mine et un extérieur, pour paroître ce qu'il veut qu'on le croie:
ainsi on peut dire que le monde n'est composé que de mines.' The first-
edition version extends this observation to all the arts as well and ends
with the futility of trying to penetrate past the surface to the true being:
'. . . et c'est inutilement que nous travaillons à y trouver rien de réel' (1,
135, note 3). *Cf.* Vauvenargues, *Maxime* 330 (last maxim of the second
edition): 'Nous sommes trop inattentifs, ou trop occupés de nous-mêmes,
pour nous approfondir les uns les autres: quiconque a vu des masques,
dans un bal, danser amicalement ensemble, et se tenir par la main sans se
connaître, pour se quitter le moment d'après, et ne plus se voir ni se
regretter, peut se faire une idée du monde.' An important discrepancy in
these images of social artificiality is that La Rochefoucauld has little hope
for the perception of reality behind the façade, while Vauvenargues states
that it is because of our inattention that we miss seeing the true character
of men which they tend to disguise in society. The elite are penetrating and
impenetrable in the midst of the worldy masquerade. See *supra*, ch. 1,
note 25. *Cf.* Pascal: 'La vie humaine n'est qu'une illusion perpetuelle; on
ne fait que s'entre-tromper et s'entre-flatter. . . . L'homme n'est donc que
déguisement, que mensonge et hypocrisie, et en soi-même et à l'égard des
autres.' *Pensées*, in *Œuvres complètes* (Bibliothèque de la Pléiade), *Pensée* 130
(Br. 100), p. 1125.

moral characteristics are subject to the manipulations of fortune: 'Toutes nos qualités sont incertaines et douteuses, en bien comme en mal, et elles sont presque toutes à la merci des occasions' (*Maxime* 470). Vauvenargues admits the relativity which limits man's moral capacity for good or for evil, while rejecting the notion that relative and contingent virtues and vices therefore lose their distinctive moral connotations:

Quand je parle de vertu, je ne parle point de ces qualités imaginaires qui n'appartiennent pas à la nature humaine; je parle de cette force et de cette grandeur de l'âme qui, comparée aux sentiments des esprits faibles, méritent les noms que je leur donne; je parle d'une grandeur de rapport, et non d'autre chose, car il n'y a rien de grand parmi les hommes que par comparaison. [1, 162]

It becomes increasingly clear as one goes from the explanatory prose of 'Du bien et du mal moral' to the more eloquent *Discours, Caractères*, etc., that the type of virtue Vauvenargues has in mind is only incidentally fused with social morality. Intensity of feeling and action is the criterion most often called upon in evaluating men.[10] A variant to the maxim cited above reveals that such a concept of virtue, reviving the Latin sense of the *virtus*, becomes the privileged domain of the courageous elite among men: 'Quand je parle de la vertu . . . je parle de cette supériorité des âmes fortes que l'éternel Auteur de la nature a daigné accorder à quelques hommes. . . .' Gilbert notes that this version was part of a piece entitled 'Sur les philosophes modernes' (1, 163, note 4). La Rochefoucauld was probably among the denigrators of virtue Vauvenargues sought to refute here. In a more general sense, the virtues to be discussed here are those admirable qualities both authors recognise in man.

Vauvenargues labelled 'communes' those maxims of La Rochefoucauld which attribute the success and public judgement of men's actions to the effects of fortune. Out of four

[10] Gustave Lanson noted the prime importance of the strength–weakness dialectic in Vauvenargues as key to his view of behaviour: 'L'humanité se divisait pour lui en deux classes: les forts et les faibles; il donnait aux premiers une sympathie enthousiaste, les autres ne recevaient de lui que mépris.' *Le Marquis de Vauvenargues* (Paris: Hachette, 1930), p. 158.

consecutive maxims concerning fortune and individual actions, only the fifty-ninth, which shows some degree of self-determination, escapes Vauvenargues' censure:[11]

Il n'y a point d'accidents si malheureux dont les habiles gens ne tirent quelque avantage, ni de si heureux que les imprudents ne puissent tourner à leur préjudice.

This exception to the general rule of fortune's hold over man is one of the sparks of individual liberty recognised by La Rochefoucauld which will be transformed into a philosophy of action for Vauvenargues' elite.[12] Extending La Rochefoucauld's admission of the exceptional cases in which man can counter the effects of fortune, Vauvenargues insists upon fortune's subservience to the natural moral stature of the individual:

Ni la pauvreté ne peut avilir les âmes fortes, ni la richesse ne peut élever les âmes basses; on cultive la gloire dans l'obscurité; on souffre l'opprobre dans la grandeur; la fortune, qu'on croit si souveraine, ne peut presque rien sans la nature. [*Maxime* 579]

Elsewhere Vauvenargues had conditioned fortune's positive effects upon indispensable human merit: 'La fortune, sans mérite, est presque inutile' (*Maxime* 768).[13]

---

[11] *Cf.* La Rochefoucauld, *Maximes* 57, 58 and 60. See Gilbert's list of maxims placed in the same category by Vauvenargues (II, 84, note 1).

[12] The Liancourt manuscript provides a version of this maxim which comes even closer to Vauvenargues' view that fortune is not totally sovereign in human affairs, thus stressing the importance of the individual's role in fashioning his own destiny: 'On pourrait dire qu'il n'y point d'heureux ni de malheureux accidents parce que les habiles gens savent profiter des mauvais, et que les imprudents tournent bien souvent les plus avantageux à leur préjudice.' *Maximes,* ed. Truchet, p. 406, No. 34. Both La Rochefoucauld and Vauvenargues evidence some fluctuation on the question of fortune's part in determining the value of action, talent and merit. *Cf. Maxime* 323 of La Rochefoucauld: 'Notre sagesse n'est pas moins à la merci de la fortune que nos besoins.' Gilbert cites this analogous thought in Montaigne: 'C'est le hasard, et non la sagesse qui dirige notre vie' (I, 160, note 1).

[13] *Cf.* Montaigne: 'Nostre bien et nostre mal ne tient qu'à nous. Offrons y nos offrandes et nos voeux, non pas à la fortune: elle ne peut rien sur nos meurs: au rebours, elles [les âmes] l'entraînent à leur suitte et la moulent à leur forme.' *Essais,* I, ch. 50, pp. 579-80.

In one surprising maxim Vauvenargues recognises the
degree to which fortune may determine man's chances for
achieving virtue or happiness: 'Pauvres et riches, nul n'est
vertueux ni heureux, si la fortune ne l'a mis à sa place' (*Maxime*
78). The restriction of virtue by fortune is absent in a variant
which mentions only its effect on happiness (i, 381, note i).
The reference to virtue cited above followed a maxim dis-
claiming the idea that poverty is a positive moral force: 'Il
n'est pas vrai que les hommes soient meilleurs dans la pauvreté
que dans les richesses' (*Maxime* 77). Vauvenargues' sympathy
for the *misérables* was due in part to the oppression of fortune
which often barred them from the free practice of virtue.[14]
Vauvenargues recognised with regret the subjection of lofty
sentiment and reason to the growlings of an empty stomach.[15]
For the elite, to whom Vauvenargues directed most of his
eloquence, unreasonable fortune is to be defied in an impressive
display of superior human energies and resources:

Quiconque connaît la portée de l'esprit humain tente quelquefois
des moyens qui paraissent impraticables aux autres hommes. C'est
avoir l'esprit chimérique que de négliger les facilités ordinaires pour
suivre des hasards et des apparences; mais lorsqu'on sait bien allier
les grands et les petits moyens, et les employer de concert, je crois
qu'on aurait tort de craindre non-seulement l'opinion du monde,

[14] 'Je plains ces misères cachées, que la crainte d'être connues rend plus
pesantes . . . il y aurait de la dureté à n'être pas touché de la faiblesse de
tant d'hommes qui, sans les malheurs de la vie, auraient pu chérir la vertu,
et achever leurs jours dans l'innocence' (i, 98). La Bruyère, in contem-
plating the effects of chance in elevating men to positions of high
distinction, voices an empathetic lament on their behalf: 'Combien
d'hommes admirables, et qui avaient de très beaux génies, sont morts
sans qu'on en ait parlé! Combien vivent encore dont on ne parle point, et
dont on ne parlera jamais!' *Les Caractères* (Garnier), No. 3, 'Du mérite
personnel,' p. 96. This theme was particularly close to Vauvenargues'
heart, since he had to cope with the feeling of having failed his inner
vocation of greatness.

[15] *Maxime* 388: 'Il y a des hommes en qui l'infamie est plutôt un malheur qu'un vice; l'opprobre est une loi de la pauvreté.' Vauvenargues uses
this reasoning in support of his plea for an indulgent attitude toward the
downtrodden (see *Maximes* 387, 389 and 390). In a different tone and
context Diderot has Rameau's nephew echo like sentiments: 'La voix de
la conscience et de l'honneur est bien faible, lorsque les boyaux crient.'
Le Neveu de Rameau, in *Œuvres romanesques* (Paris: Garnier, 1962), p. 427.

qui rejette tout sorte de hardiesse dans les malheureux, mais même
les contradictions de la fortune. Laissez croire à ceux qui le veulent
croire, que l'on est misérable dans les embarras des grands desseins.
C'est dans l'oisiveté et la petitesse que la vertu souffre, lorsqu'une
prudence timide l'empêche de prendre l'essor, et la fait ramper dans
ses liens: mais le malheur même a ses charmes dans les grandes
extrémités; car cette opposition de la fortune élève un esprit
courageux, et lui fait ramasser toutes ses forces, qu'il n'employait
pas. [I, 124[16]]

This passage is part of the 'Conseils à un jeune homme', but
Vauvenargues' *Maximes* resume this train of thought in one
curt sentence: 'Il n'appartient qu'au courage de régler la vie'
(*Maxime* 432). The more elaborate exposition reflects a personal
resolution taken by its author to surpass the modest lot fortune
had assigned to him. Neglect of the 'petits moyens' and misfortune were to prevent Vauvenargues from tasting the fame
he sought in an army career, through diplomacy, and in his
literary debuts.

In his 'Essai sur quelques caractères' Vauvenargues does
not censure the noble goal of 'Phérécide, ou l'*Ambition
trompée*'. Ambition is worthy of man's efforts, but Vauvenargues
would have us learn a prudent lesson on the practical means of
achieving one's aspirations. He drew the portrait of one who,
like himself, loved ambition not too wisely, but too well:
'Phérécide a sacrifié une fortune médiocre à des espérances peu
sages' (I, 290). Vauvenargues' frequent monetary distress
underlined the personal sacrifice his commitment to a literary
career entailed.

In another thinly disguised self-portrait, 'Clazomène, ou
la *Vertu malheureuse*', Vauvenargues admits fortune's control

---

[16] Vauvenargues' enthusiastic recommendation of an aggressive undertaking in the face of the vicissitudes of fortune has a basis in La Bruyère's
more passive, or defensive, stance *vis-à-vis* extreme misfortune: 'Il y a des
maux effroyables et d'horribles malheurs où l'on n'ose penser, et dont la
seule vue fait frémir: s'il arrive que l'on y tombe, l'on se trouve des
ressources que l'on ne se connaissait point, l'on se raidit contre son
infortune, et l'on fait mieux qu'on ne l'espérait.' *Les Caractères* (Garnier),
No. 30, 'De l'homme', p. 311. *Cf.* La Rochefoucauld's disillusionment:
'Les grands et les ambitieux sont plus misérables que les médiocres'
(*Maxime* 645).

over man's wisdom and enterprises; yet superior courage can elevate man to a higher moral plane than those who are only endowed with prosperity due to good fortune:

Né pour des chagrins plus secrets, il a eu de la hauteur et de l'ambition dans la pauvreté. . . . Ses talents, son travail continuel, son application à bien faire, son attachement à ses amis, n'ont pu fléchir la dureté de sa fortune. . . . Toutefois, qu'on ne pense pas que Clazomène eût voulu changer sa misère pour la prospérité des hommes faibles: la fortune peut se jouer de la sagesse des gens courageux; mais il ne lui appartient pas de faire fléchir leur courage. [I, 289]

A variant to the passage cited above affords another example of Vauvenargues' view of misfortune as capable of increasing the range of man's sensitivity:

Un ordre inflexible et caché dispose des choses humaines; le hasard se joue de la sagesse et des projets des hommes; mais la prospérité des âmes faibles ne peut les élever à la hauteur des sentiments que la calamité inspire aux âmes fortes, et ceux qui sont nés courageux savent vivre et mourir sans gloire. [I, 281, note 1[17]]

Whereas Vauvenargues affirms the superiority of courage, transcending the otherwise irresistible force of fortune, La Rochefoucauld is more wary of the role played by self-delusion in creating an impression of superiority:

Il y a une élévation qui ne dépend point de la fortune: c'est un certain air qui nous distingue et qui semble nous destiner aux grandes choses; c'est un prix que nous nous donnons imperceptiblement à nous-mêmes; c'est par cette qualité que nous usurpons les déférences des autres hommes, et c'est elle d'ordinaire qui nous met plus au-dessus d'eux que la naissance, les dignités, et le mérite même. [*Maxime* 399]

The 1675 version of this maxim terms this unique quality 'un certain air *de supériorité*' (I, 181, note 3).[18] Gilbert noted that,

---

[17] *Cf.* Montaigne (perhaps the most important common source of inspiration for both La Rochefoucauld and Vauvenargues): 'Au travers de tous nos projets, de nos conseils et precautions, la fortune maintient tousjours la possession des evenemens.' *Essais*, I, ch. 24, p. 238. *Cf. supra*, note 16.

[18] Madame de Sablé's own *Maximes* serve to clarify this aspect of her

although the 'annotateur contemporain' could find no practical application for the preceding maxim, it represents (like many of Vauvenargues') a discreet form of self-study:

Il est clair que cette réflexion n'est qu'un retour consolateur de La Rochefoucauld sur lui-même, retour justifié d'ailleurs, car il avait plus que personne cette distinction naturelle que la *fortune* la plus contraire, comme avait été la sienne, ne saurait ôter, et de ce *certain air* qui condamne les autres hommes à la déférence. . . . [I, 181, note 4]

Vauvenargues too had cause to seek in his personal sense of superiority a sanctuary from the injustice of fortune. However, Gilbert's characterisation of La Rochefoucauld's maxim as 'consolateur' overlooks the irony which pervades the latter's view of self-esteem. Elevation, independent of birth, fortune or merit, is a subtle invention of vanity; its stature is usurped, a kind of personal and social illusion of superiority, whose true worth has not been proven.

Elsewhere La Rochefoucauld grants all forms of *élévation* some element of merit, which is a rare commodity in the *Maximes*: 'Il y a du mérite sans élévation, mais il n'y a point d'élévation sans mérite' (*Maxime* 400). Vauvenargues qualifies his admiration for natural superiority with the proviso that it be tempered by humanity.[19] His kind of *élévation* was warm and inviting, yet commanding the respect of others, as attested by Marmontel.[20] This air of superiority took the form of a glow

---

salon guest and collaborator: 'Il y a un certain empire dans la manière de parler et dans les actions, qui se fait faire place partout, et qui gagne, par avance, la considération et le respect; il sert en toutes choses, et même pour obtenir ce qu'on demande.'—'Cet empire, qui sert en toutes choses, n'est qu'une autorité bienséante, qui vient de la supériorité de l'esprit.' *Maximes* 26 and 27, cited by Gilbert, in La Rochefoucauld's *Œuvres*, I, 181, note 4.

[19] Vauvenargues shunned severity and preached an indulgent form of humanism in which compassion, not fear, is the force which is the foundation of all society: 'Les devoirs des hommes sont fondés sur leur faiblesse réciproque'—'Vantez la clémence à un homme sévère: Vous serez égorgé dans votre lit, répondra-t-il, si la justice n'est pas inexorable. O timidité sanguinaire!' (*Maximes* 393 and 394.) See *supra*, ch. III, pp. 82-4.

[20] 'Doux, sensible, compatissant, il tenait nos âmes dans ses mains. Une

of confidence rather than the aloof appearance which La Rochefoucauld attributed to his physiognomy.[21] Despite their areas of agreement, Vauvenargues' espousal of a courageous attitude towards adversity is quite different in its applicability from the sense of personal elevation described by La Rochefoucauld. For the latter an air of superiority is a peculiar phenomenon whose effects are limited to those born with such a commanding appearance. In the case of Vauvenargues, dominance is a quality which can be actively pursued and is associated with the acquisition of *gloire*:

La gloire nous donne sur les cœurs une autorité naturelle qui nous touche sans doute autant que nulle de nos sensations, et nous étourdit plus sur nos misères qu'une vaine dissipation: elle est donc réelle en tous sens. [1, 33]

The most sublime evidence of the force of courageous action, held in high esteem by both La Rochefoucauld and Vauvenargues, is found in the former's unusual admission of a pure, though occasional, heroic excellence:

L'intrépidité est une force extraordinaire de l'âme qui l'élève au-dessus des troubles, des désordres et des émotions que la vue des grands périls pourrait exciter en elle; et c'est par cette force que les héros se maintiennent en un état paisible, et conservent l'usage libre de leur raison dans les accidents les plus surprenants et les plus terribles. [*Maxime* 217[22]]

---

sérénité inaltérable dérobait ses douleurs aux yeux de l'amitié. Pour soutenir l'adversité, l'on n'avait besoin que de son exemple, on n'osait être malheureux auprès de lui.' *Denis le Tyran*, note cited in *Vauvenargues, Réflexions et maximes* (Paris: Gallimard, 1971), p. 255. Marmontel's letter to Mme d'Espagne, dated 6 October 1796, cited in the same text, reiterates the special charm of Vauvenargues' superiority: 'En général jamais l'attrait de l'éloquence et le charme de la vertu n'ont obtenu un plus doux empire sur les esprits et sur les âmes' (p. 256).

[21] 'Comme un certain air sombre que j'ai dans le visage contribue à me faire paroître encore plus reservé que je ne le suis, et qu'il n'est pas en notre pouvoir de nous défaire d'un méchant air qui nous vient de la disposition naturelle des traits, je pense qu'après m'être corrigé au dedans, il ne laissera pas de me demeurer toujours de mauvaises marques au dehors' (1, 6-7).

[22] *Cf.* Montaigne: 'Il y . . . a une vertu vraye, perfecte et philosophique . . . qui est une force et asseurance de l'ame, mesprisant également toute

This heroic quality is not unmasked, it is admired. However, once again, it is extraordinary and cannot be practised by the average reader to whom the *Maximes* were addressed. Shortly before the above-mentioned maxim La Rochefoucauld compares the spectrum of types of courage and cowardice to the differences noticeable 'entre les visages et les humeurs' (*Maxime* 215). The analogy implies that each individual form of courage is as determined by nature and circumstances as are our faces and moods. Admiration for rare examples of dauntless courage does not imply the recommendation of emulation or imitation. This would usually lead to a ridiculous incongruity with one's own nature or position:

Si on est faux en approuvant ce qui ne doit pas être approuvé, on ne l'est pas moins, le plus souvent, par l'envie de se faire valoir en des qualités qui sont bonnes de soi, mais qui ne nous conviennent pas: un magistrat est faux quand il se pique d'être brave. . . . [I, 313]

Ambition, the passion closest to Vauvenargues' heart, is not spared in La Rochefoucauld's all-encompassing condemnation of the infectious passions which torment man;[23] it becomes the key to unhappiness for the disillusioned *frondeur*:

Comme la plus heureuse personne du monde est celle à qui peu de choses suffit, les grands, et les ambitieux sont en ce point les plus misérables, puisqu'il leur faut l'assemblage d'une infinité de biens pour les rendre heureux. [*Maxime posthume* 522]

Vauvenargues was reluctant to agree with this view of happiness and ambition. For him happiness was inseparable from

---

sorte d'accidens enemis: equable, uniforme et constante. . . .' *Essais*, II, ch. 7, pp. 102-3. Louis Hippeau, in his *Essai sur la morale de La Rochefoucauld*, notes that maxim 217 'réalise la synthèse, célébrée par le stoïcisme, de la Vertu et du Bonheur où le bonheur apparaît comme la conséquence de la vertu et où le sage s'égale à Dieu' (p. 165). He later points out this important difference between this and truly Stoic virtue: 'Il ne ruinera pas son système s'il reconnaît que la haute vertu stoïcienne peut parfois être atteinte, exceptionnellement. Ce qu'il ne peut concéder, c'est que nous puissions y parvenir et nous y maintenir à volonté; et il s'oppose ainsi au stoïcisme.' (Page 167.)

[23] In his twelfth *Réflexion*, 'De l'origine des maladies', La Rochefoucauld gives ambition a hand in afflicting mankind: 'L'ambition a produit les fièvres aiguës et frénétiques . . .' (*Œuvres*, I, 311).

gloire,[24] which must be sought and retained by active ambition.[25]

In many respects Vauvenargues' treatment of ambition mirrors his concern for a positive interpretation for socially and personally fulfilling forms of self-love.[26] Like self-love, which is its source, ambition is an innate characteristic in all men. In his fourteenth *Dialogue* Vauvenargues has Richelieu discuss with Fénelon the vital function of ambition, which is the source of the strength of States, the sustainer of activity and courage, without which prudence and virtue are rendered impotent (II, 45). Richelieu supposes that all men who are raised to positions of authority, although apparently untouched by ambition, merely hide a secretive ambition which blossoms under the appropriate stimuli: 'Les grandes affaires, l'autorité, élèvent les hommes les plus faibles, et fécondent ce germe d'ambition que tous les hommes apportent au monde avec la vie' (II, 46). Fénelon is no exception. The conclusion of this dialogue, bringing about an agreement on the worth of virtuous ambition as opposed to the selfish type characterised by severity, stresses the sense of personal dominance which Vauvenargues prized most highly:[27]

Richelieu. Si vous aviez eu un esprit faible, vous auriez laissé le soin à tout autre de redresser le genre humain; mais, parce que vous étiez né avec de la vertu et de l'activité, vous vouliez assujettir les hommes à votre génie particulier. Croyez-moi c'est là de l'ambition.

Fénelon. Cela peut bien être. Mais cette ambition qui va, en tout, au bien des peuples, est bien différente de celle qui rapporte tout à

---

[24] 'Si la gloire et si le mérite ne rendent pas les hommes heureux, ce qu'on appelle bonheur mérite-t-il leurs regrets?' (I, 381.)

[25] 'La gloire se ternit sans l'action; la grandeur n'est qu'un titre de mollesse sans l'ambition qui l'a établie, et qui, seule, peut lui conserver sa considération et son crédit' (*Maxime* 372).

[26] See *supra*, ch. III, 'The nature of self-love'.

[27] 'De souhaiter, malgré soi, un peu de domination, parce qu'on se sent né pour elle; de vouloir plier les esprits et les cœurs à son génie; d'aspirer aux honneurs pour répandre le bien, pour s'attacher le mérite, le talent, les vertus, pour se les approprier, pour remplir toutes ses vues, pour charmer son inquiétude, pour détourner son esprit du sentiment de nos maux, enfin, pour exercer son génie et son talent dans toutes ces choses; il me semble qu'à cela il peut y avoir quelque grandeur.' Letter to Mirabeau dated 16 January 1740 (II, 169-70).

H

soi, et que j'ai combattue.

Richelieu. Ai-je prétendu le contraire, mon aimable ami? L'ambition
est l'âme du monde; mais il faut qu'elle soit accompagnée de
vertu, d'humanité, de prudence et de grandes vues, pour faire le
bonheur des peuples, et assurer la gloire de ceux qui gouvernent.

[II, 46]

Thus ambition, like self-love, encompasses the potential for
good or for evil, depending on its use.[28] It is granted the place
of honour which La Rochefoucauld had assigned to 'la fortune
et l'humeur'.[29]

La Rochefoucauld is suspicious of a famous political rivalry
which may be accepted as an outstanding example of noble
ambition:

Ces grandes et éclatantes actions qui éblouissent les yeux sont
représentées par les politiques comme les effets des grands desseins,
au lieu que ce sont d'ordinaire les effets de l'humeur et des passions.
Ainsi la guerre d'Auguste et d'Antoine, qu'on rapporte à l'ambition
qu'ils avaient de se rendre maîtres du monde, n'était peut-être
qu'un effet de jalousie. [*Maxime* 7]

In his criticism of this maxim Vauvenargues retraces, with
irony, the basis of the confusion of such jealousy with ambition,
thereby reaffirming the nobility of the struggle between
Augustus and Antonius:

La jalousie d'Auguste et d'Antoine n'étant, probablement, fondée
que sur ce qu'ils partageaient l'empire du monde, on a pu raison-
nablement confondre une telle jalousie avec l'ambition. [II, 77]

Jacques Truchet, in his critical edition of La Rochefoucauld's
Maximes, clarifies the sense of the word *jalousie* in this context,

---

[28] 'L'instinct qui nous porte à nous agrandir n'est aucune part si
sensible que dans l'ambition; mais il ne faut pas confondre tous les
ambitieux. . . . plusieurs vont à leur but sans nul choix des moyens;
quelques-uns par de grandes choses, et d'autres par les plus petites: ainsi
telle ambition est vice; telle, vertu; telle, vigueur d'esprit; telle, égarement
et bassesse, etc.' (I, 32.) In Vauvenargues' own case he was forced to vary
the means to satisfying his ambition, sought first in military glory, then
in a diplomatic career, and finally, when all active paths to fame were
closed to him, through literary endeavour.

[29] 'La fortune et l'humeur gouvernent le monde' (*Maxime* 435).

since our first impression may be to echo Vauvenargues'
objection:

Mais, si l'on se reporte à la maxime 28, on verra que La Rochefoucauld définit la jalousie comme tendant 'à conserver un bien qui
nous appartient'; en ce sens elle se distingue clairement de l'ambition:
il suffit, pour qu'il y ait jalousie entre Auguste et Antoine, que l'un
d'eux ait l'impression que l'autre risque d'empiéter sur sa puissance.[30]

Although this seems to void Vauvenargues' objection for
Truchet, the sense of his reaction remains intact. The word
jalousie is less heroic in this context than *ambition*, as implied
by the restrictive 'ne . . . que', so prevalent in the *Maximes*.
The same objection was voiced in other terms by an astute
contemporary of La Rochefoucauld, Queen Christina of
Sweden, in her 'Remarques sur les *Réflexions morales*': 'Cela est
faux, si l'histoire est vraie. Je crois qu'on ne peut douter du
sujet de cette querelle, ni de la jalousie de ces grands hommes.'[31]

Although ambition can be constructive or destructive,[32]
Vauvenargues stresses the positive context in most of his
writings, whereas La Rochefoucauld's *Maximes* undermine the
patently virtuous actions attributed commonly to ambition.
Ambition is viewed by Vauvenargues as the essential catalyst
which can convert unused human resources into active forces
in the exercise of virtues, even in cases where natural inclination
to virtue was lacking:

Le défaut d'ambition, dans les grands, est quelquefois la source de
beaucoup de vices; de là, le mépris des devoirs, l'arrogance, la
lâcheté, et la mollesse. L'ambition au contraire, les rend accessibles,
laborieux, honnêtes, serviables, etc., et leur fait pratiquer les vertus
qui leur manquent par nature, mérite souvent supérieur à ces vertus
mêmes, parce qu'il témoigne ordinairement une âme forte. [*Maxime*
371]

This maxim reflects the twin aspects of Vauvenargues' moral
perspective. Virtue is a positive social trait, but superseding
this utilitarian kind of merit is that accorded the exhibition of

---

[30] La Rochefoucauld, *Maximes*, p. 8, note 2.

[31] *Ibid.*, p. 601, No. 7.

[32] Ambition, in those devoid of humanity, is compared to mortal
illness which can lead to the destruction of the State (*Maxime* 622).

soul-force or greatness.

Their disagreement over the meaning and effects of ambition is clearly stated by Vauvenargues in his criticism of the following maxim of La Rochefoucauld:

Lorsque les grands hommes se laissent abattre par la longueur de leurs infortunes, ils font voir qu'ils ne les soutenaient que par la force de leur ambition, et non par celle de leur âme; et qu'à une grande vanité près, les héros sont faits comme les autres hommes. [*Maxime* 24]

Vauvenargues rejects La Rochefoucauld's opposition of ambition to soul, as well as his association of the former with vanity:

Lorsqu'un homme n'est pas assez fort pour supporter le malheur, je ne crois point qu'il puisse être capable d'une forte ambition, et surtout de celle qui fait supporter de longues infortunes: ce que M. de La Rochefoucauld appelle la *force de l'ambition* n'est donc autre chose que *la force de l'âme*, et l'auteur les sépare mal à propos. *A une grande vanité près, les héros sont faits*, dit-il, *comme les autres hommes*; c'est encore abuser des termes, que d'appeler l'amour de la gloire *une grande vanité*, et je ne conviens point de cette définition. D'ailleurs, plus un homme a de vanité, moins il est capable d'héroïsme; il est donc faux de dire que c'est une grande vanité qui fait les héros, puisque c'est au contraire, le mépris des choses vaines qui les rend supérieurs aux autres hommes. [II, 78]

Their disagreement seems to be more semantic than essential in nature. It is based on two different premises. For Vauvenargues, ambition and soul are equated as expressions of force. Here it is rather Vauvenargues who is abusing the common sense of the term ambition, by assuming that it is the legitimate expression of the self, whereas it normally connotes an immoderate desire, reaching beyond the self. It is in this sense that La Rochefoucauld contrasts the two and concludes that the overreaching of ambition which characterises heroes is merely an extreme form of the self-flattery inherent in vanity.[33]

[33] It should be noted that La Rochefoucauld's position is more ambiguous than it appears in the context of this isolated case. When comparing moderation and ambition he comes much closer to agreement with Vauvenargues' point of view: 'La modération est la langueur et la paresse de l'âme, comme l'ambition en est l'activité et l'ardeur' (*Maxime* 293). The 1665 version of this maxim pictures moderation in most men

The second point of divergence is La Rochefoucauld's reduction of ambition to a great vanity. On this point his experience
of the vanity of overweaning ambition conflicts with
Vauvenargues' more idealised opposition of heroism to
conceit.[34]

On the surface it would seem that Corneille's heroes fit the
description of Vauvenargues' superior moral ideal. However,
Vauvenargues' reversal of La Rochefoucauld's equation of
vanity with ambition forms the basis of his quarrel with
Corneille, the subject of his first letter to Voltaire.[35] Vauvenargues criticised the chivalric ostentation and vanity he found

---

as a lack of courage, so that 'à leur égard . . . la modération est une
bassesse de l'âme, comme l'ambition en est l'élévation' (1, 151, note 1).
Here Vauvenargues would probably have agreed: 'La modération des
faibles est médiocrité' (*Maxime* 73). But he insists on illustrating the
positive use of moderation on the part of the elite: 'La modération des
grands ne borne que leurs vices' (*Maxime* 381). Vauvenargues refuses to
consider moderation or ambition, in men of strength, as vanity. But,
concerning the weak, he comes closer to La Rochefoucauld's point of
view: 'Le faible s'applaudit lui-même de sa modération qui n'est que
paresse et vanité' (1, 381, note 3, variant to maxim 73). Often the divergence of their thought is based on the varying applicability of a
particular maxim to the strong or to the weak among men. See Vauvenargues' criticism of La Rochefoucauld' smaxims 17 and 18, in *Œuvres*,
II, 77.

[34] 'L'héroïsme est incompatible avec la vanité, et n'a ni les mêmes
effets, ni la même cause: plus grande est la vanité, plus faible est l'amour
de la gloire' (II, note 2, *variante*). As with the dispute over the force of
ambition *vis-à-vis* that of the soul, Vauvenargues' understanding of self-
love's dual nature helps explain his position. Vanity stems from a feeling
of self-sufficiency fed by *amour-propre* and usually results in relative
inaction. Ambition, on the contrary, is a movement beyond the self
mostly due to the stimulus of *amour de nous-mêmes* or our relative sense of
personal imperfection. See *supra*, ch. III, 'The nature of self-love', for
details concerning Vauvenargues' view of the twin sources of all actions
and feelings. Queen Christina of Sweden recorded a reaction to La
Rochefoucauld's maxim 24 which foreshadows that of Vauvenargues: 'Il
faut distinguer le vrai du faux. Les héros de filigrane. Les vrais héros ont
sans doûte une force d'âme qui les soutient dans l'une et l'autre fortune;
la vanité et la véritable vertu ne sont jamais logées ensemble. . . .' Cited in
the Truchet edition of the *Maximes*, p. 602.

[35] 'Vauvenargues à Voltaire, à Nancy, le 4 avril 1743', II, 242-7.

in Corneille's heroes.[36] He felt that his vision of virtue was threatened, at one extreme by Corneille's emphatic heroes, at the other by La Rochefoucauld's cynical maxims.

But just as Vauvenargues' opposition to La Rochefoucauld is far from clear-cut, so does his sharp reaction against Corneille mask interesting points of contact between these admirers of heroic energy. Vauvenargues was not wholly insensitive to the depiction of forceful virtue in Corneille. At the urging of Voltaire, he reconsidered his initial harsh appraisal of the author of *Le Cid*, and his final statement on the subject of Corneille comes closer to revealing their common appreciation of force as a sign of virtue:

Il s'exprimait quelquefois avec une grande énergie; personne n'a des traits plus élevés et plus hardis, personne n'a laissé l'idée d'un dialogue si serré et si véhément; personne n'a peint avec le même bonheur l'inflexibilité et la force d'esprit qui naissent de la vertu; de ces disputes mêmes que je lui reproche, sortent quelquefois des éclairs qui laissent l'esprit étonné, et des combats qui véritablement élèvent l'âme; et, enfin, quoiqu'il lui arrive continuellement de s'écarter de la nature, on est obligé d'avouer qu'il la peint naïvement et bien fortement dans quelques endroits: et c'est uniquement dans ces morceaux naturels qu'il est admirable. [I, 252]

Thus on the nature of virtue there are elements in Corneille which relate to Vauvenargues' thought.[37]

Despite his scathing criticism of what society commonly

[36] In his 'Réflexions critiques sur quelques poètes' Vauvenargues sees Corneille mistaking 'l'ostentation pour la hauteur, et la déclamation pour l'éloquence' (I, 244); he felt that Corneilian 'fierté' degenerates 'en vanité et en petitesse' (II, 246) at times. His heroes become 'anti-heroes' in Vauvenargues' eyes because, like La Rochefoucauld's 'faux-honnêtes gens' (*Maxime* 202), they are all too vocal in their attempt to project an image of themselves which is 'supérieur à . . . la nature' (II, 244): 'Rien ne décèle si parfaitement aux esprits fins une hauteur fausse et contrefaite qu'un discours fastueux et emphatique' (II, 243). According to Méré's testimony, La Rochefoucauld would agree in principle that 'la véritable vertu . . . se montre sans artifice et d'air simple et naturel. . . .' 'Lettre du Chevalier de Méré à Madame la Duchesse de***', in La Rochefoucauld, *Œuvres*, I, 347.

[37] See André Stegmann's comments on Corneille's concept of admiration, *L'Héroïsme cornélien: genèse et signification*, vol. II (Paris: Colin, 1968), pp. 264-5. Paul Bénichou also defines an aspect of Cornelian virtue which

accepts as virtue and merit, La Rochefoucauld also envisioned
a higher level of moral values based upon the natural superiority of an elite, as Antoine Adam points out:

Ceux qui lui reprochent de ne pas croire aux vertus ne s'aperçoivent
pas qu'il en veut avant tout à celles que la société observe, juge et
récompense. Il ne niait pas que des âmes d'élite en connaissent
d'autres. . . . Il mettait au-dessus de tout 'la noblesse du cœur et la
hauteur de l'esprit'. Il croyait à la générosité, à la vertu sublime de
ces grandes figures cornéliennes qu'il aimait.[38]

Thus beyond La Rochefoucauld's endeavours to unmask false
virtues, and Vauvenargues' efforts to establish a positive social
morality, both *moralistes* shared a higher aesthetic and moral
ideal: the most dynamic expenditure of human energy.
Antoine Adam, however, like most modern critics who see
an epicurean element in La Rochefoucauld, draws much of his
proof from Antoine Gombaud, chevalier de Méré's letter
relating a discussion with La Rochefoucauld.[39] Besides the
questionable accuracy of Méré's account of La Rochefoucauld's
part in their conversation, the *Maximes* themselves give only
the barest hints of such an orientation.[40] Yet both Vauvenargues and La Rochefoucauld reveal in their works a similar
admiration for human dynamism *per se*. Jean Starobinski
considers La Rochefoucauld's fascination with force a sub-

---

resembles Vauvenargues' understanding of the term: 'La vertu coûte
toujours moins au moi qu'elle ne finit par lui donner . . . elle se fonde
moins sur l'effort que sur une disposition permanente à préférer les
satisfactions de la gloire à celles de la jouissance pure et simple, quand par
malheur il faut choisir.

'Le choix est loin d'être toujours nécessaire. Le plus souvent la satisfaction des désirs et la gloire, loin de s'exclure, ne font qu'un; leur unité
est la donnée première du théâtre cornélien, sur laquelle se bâtissent ensuite les développements compliqués de l'héroïsme.' *Les Morales du grand
siècle*, p. 19.

[38] Antoine Adam, *Histoire de la littérature française au XVIIe siècle*, IV, 101.

[39] 'Lettre du chevalier de Méré à la Duchesse de ***', in La Rochefoucauld, *Œuvres*, I, 395-9

[40] Paul Bénichou notes the weakness of relying on the sole evidence of
Méré's letter to show La Rochefoucauld's epicureanism; yet he feels we
can see in it a sign of La Rochefoucauld's search for a practical revision of
accepted morality. *L'Ecrivain et ses travaux*, p. 36.

stitute for virtue:

Ce qui était auparavant qualité morale trouve maintenant son substitut dans la qualité d'énergie: la valeur concrète ne se distingue pas de la force.[41]

This perception of superior energy as an admirable trait beyond the bounds of traditional morality is seen in the following maxim of La Rochefoucauld: 'Il y a des héros en bien comme en mal' (*Maxime* 185). Commenting on this aspect of La Rochefoucauld, Jacques Truchet notes La Rochefoucauld's affinity with Corneille, despite anti-heroic elements to be discerned elsewhere in the *Maximes*:

Qu'est-ce que cela, sinon du Corneille? Le Corneille, notamment, de *Rodogune*, pour lequel il existait essentiellement deux sortes d'âmes, les grandes et les autres; aux grandes, il appartient de se choisir: généreuses ou scélérates; les autres n'ont pour ainsi dire pas d'existence: elles forment une sorte d'univers infra-moral, l'univers insignifiant des sots et des faibles.[42]

This dual perspective applies to Vauvenargues as well as La Rochefoucauld and Corneille. Vauvenargues' admiration for Catilina, Renaud and Cromwell also shows a moral appreciation beyond the criteria of social benefit or detriment. Like La Rochefoucauld, Vauvenargues often does not distinguish moral value from its energy quotient.[43]

[41] La Rochefoucauld et les morales substitutives', p. 27.
[42] La Rochefoucauld, *Maximes*, ed. Truchet, Introduction, p. lxiv. See also André Stegmann's comparative study of Corneille and La Rochefoucauld, *L'Héroïsme cornélien*, vol. 1, pp. 154-60. The Gilbert edition of La Rochefoucauld gives the following manuscript version of maxim 387, which appears to be a re-working of maxim 185 (cited above) in terms of the lowest level in society: 'Un sot n'a pas assez *de force, ni pour être méchant*, ni pour être bon' (1, 178, note 4). The heroic dimensions of La Rochefoucauld's concept of virtue can be seen in the emphasis on force as a moral criterion: 'Nul ne mérite d'être loué de bonté, s'il n'a pas la force ['*et la hardiesse*'—in a 1665 edition variant] d'être méchant: toute autre bonté n'est le plus souvent qu'une paresse ou une impuissance de la volonté' (*Maxime* 237).
[43] Vauvenargues is careful to single out the virtues which accompanied the execution of their ambitious plans, although the ultimate goals may have been evil. Catalina haughtily defends his 'génie' and his courage in a dialogue with the subservient Sénécion (*Œuvres*, II, 54). Renaud does not

The ambiguity inherent in the coexistence of a rational exposition of virtue in terms of social utility with an irresistible admiration for force or courage, even when dissociated from *bienfaisance*, is evident in Vauvenargues' correspondence:

Il faut que je vous parle vrai: J'aime un homme fier et violent, pourvu qu'il ne soit point sévère; les paroles fières, hautaines, me ravissent malgré moi. . . . Catilina me plaît mille fois plus que l'aïeul de Caton d'Utique; ce misérable censeur . . . n'est, pour moi, qu'un homme incommode, fâcheux, et de peu d'esprit; j'aurais très-bien vécu avec Catilina, au hasard d'être poignardé, d'être brûlé dans mon lit; mais, pour Caton, il eût fallu qu'un de nous deux eût quitté Rome; jamais la même enceinte n'aurait pu nous contenir. [II, 184-5]

Vauvenargues goes on to explain the qualities he finds admirable even in great criminals:[44]

---

regret his technical defeat: 'J'aimais à lutter contre mon mauvais destin: le combat me plaisait sans la victoire' (II, 56). Cromwell is worthy of admiration for his 'grands talents et un génie élevé', not for his crime itself (II, 82). Fernand Vial has this comment on the moral implications of Vauvenargues' characterisation of Renaud: 'Ainsi donc ce n'est pas le résultat qui importe, mais le déploiement de force, la mise en jeu d'énergies qui fortifient la nature par leur seule exercice.' *Une Philosophie et une morale du sentiment*, pp. 127-8.

[44] An important precedent for this view of the greatness to be admired in certain violent expressions of *amour-propre* is to be found in Corneille's idea of a character suitable for tragedy in a liberal interpretation of Aristotle: 'C'est le caractère brillant et élevé d'une habitude vertueuse ou criminelle, selon qu'elle est propre et convenable à la personne qu'on introduit. Cléopâtre, dans *Rodogune*, est très méchante; il n'y a point de parricide qui lui fasse horreur, pourvu qu'il la puisse conserver sur un trône qu'elle préfère à toutes choses, tant son attachement à la domination est violente; mais tous ses crimes sont accompagnés d'une grandeur d'âme qui a quelque chose de si haut, qu'en même temps qu'on déteste ses actions, on admire la source dont elles partent.' *Discours du poème dramatique*, in *Œuvres*, vol. I (Paris: Hachette, 1910), pp. 31-2. Diderot's Mme de la Pommeraye gives evidence of a similar understanding of the admirable element in action which surpasses or subverts common social morality. See Lester G. Crocker, 'Jacques le fataliste, an "Expérience morale",' *Diderot Studies III*, ed. Otis Fellows and Gita May (Geneva: Droz, 1961), pp. 83-8. *Cf.* Vauvenargues, II, 192-3: 'La liberté découvre jusque dans l'excès du crime la vraie grandeur de notre âme; là, la force de la nature brille au sein de la corruption.'

La violence et la fierté me paraissent excusables; l'homme infâme attache mes yeux sur la sorte de courage qui soutient son infamie; le crime et l'audace me montrent des âmes au-dessus de la crainte, au-dessus des préjugés, libres dans leurs pensées, fermes dans leurs desseins; je laisse en repos l'homme fade et sans caractère: mais l'homme dur et rigide, l'homme tout d'une pièce, plein de maximes sévères, enivré de sa vertu . . . je le déteste. [II, 185]

His train of thought culminates in an ideal representation of the superior man:

Ce que mon inclination me rend cher, c'est un homme constant dans ses passions . . . haut et ardent, inflexible dans le malheur, facile dans le commerce, extrême dans ses passions, humain par-dessus toutes choses, avec une liberté sans bornes dans l'esprit et dans le cœur . . . j'y joins, par réflexion, un esprit souple et flexible, et la force de se vaincre, quand cela est nécessaire. [II, 186]

This last composite picture of man unites the qualities Vauvenargues admires immediately by sentiment and subsequently by reflection. Since admiration is considered 'une surprise pleine de respect' (I, 47),[45] it is necessarily spontaneous. Esteem or scorn may therefore be aroused before the intellect can appreciate the relative social merit of virtues:

Il y a beaucoup à répondre à ce que je vous dis sur la rigidité; quand je lui préfère le vice, ce n'est pas par réflexion, je crois que vous m'entendrez, c'est par goût et par sentiment; je n'ignore pas d'ailleurs, ce qu'on doit à la vertu, quelque facheuse qu'elle soit. [II, 187-8]

The notion of a purely social morality expounded in the *Introduction*, which Ferdinand Brunetière saw as one of the first and clearest expressions of what he viewed as 'l'Erreur du XVIIIe siècle',[46] is grudgingly recognised here as a necessary,

---

[45] *Cf.* Descartes' definition of admiration: 'L'admiration est une subite surprise de l'âme, qui fait qu'elle se porte à considérer les objets qui lui semblent rares et extraordinaires.' *Les Passions de l'âme*, article 70, p. 116. While Descartes state that admiration, 'n'ayant point de rapport avec le bien ny le mal pour objet', is a purely mental passion (article 71, p. 116), Vauvenargues grants sentiment the primary role in evoking admiration.

[46] 'Si l'erreur du XVIIIe siècle traduite ou transposée dans la langue de nos jours, consiste essentiellement à croire que "la question morale est une

though uninspiring, criterion. Most often virtue, especially when viewed as independent of happiness, is considered analogous to courage or fortitude.[47]

Vauvenargues strongly resembles his portrait of 'Cyrus, ou l'*Esprit agité*':

Plus agité dans le repos que dans l'action, son esprit remuant et ambitieux le tient appliqué sans relâche, et lorsque les affaires lui manquent, il se lasse et se consume dans la réflexion. Trop libre et trop hardi dans ses idées pour donner des bornes à ses passions, plus près d'aimer les vices forts que les vertus faibles, il suit avec indépendance tous ses sentiments, et subordonne toutes les règles à son instinct, comme un homme qui se croit maître de son sort, et ne répond qu'à soi de sa conduite. [I, 330]

Vauvenargues revealed his own inner agitation to Mirabeau, who had rebuked him for his seeming inactivity:

J'ai toujours été obsédé de mes pensées et de mes passions; ce n'est pas là une *dissipation*, comme vous le croyez, mais une distraction continuelle, et une occupation très-vive, quoique presque toujours inquiète et inutile. [II, 139]

---

question sociale", une des premières expressions très nettes que j'en trouve est celle qu'en a donnée Vauvenargues, en 1746, dans son *Introduction à la connaissance de l'esprit humain*.' 'L'Erreur du XVIIIe siècle', *Revue des deux mondes*, LXXII (1 August 1902), p. 634.

[47] In 'Du bien et du mal moral' Vauvenargues, while stating that virtue is not synonymous with force or beauty, though these are precious assets, finds the source of virtues in natural temperament (I, 52). Voltaire favours a stricter utilitarian distinction between the virtues Vauvenargues praises in 'un heureux naturel': 'Très-bien. Distinguons cependant vertus et qualités heureuses: la bienfaisance seule est vertu; tempérance, sagesse, bonnes qualités: tant mieux pour toi' (I, 52, note 4). The following *Réflexion* views virtue as a personal quality of fortitude in suffering independent of social context: 'La vertu est plus chère aux grandes âmes que ce que l'on honore du nom de bonheur. Sans doute, il n'appartient pas à tout homme de n'être point touché d'une longue infortune, et c'est manquer de vivacité et de sentiment que de regarder du même œil la prospérité et les disgrâces; mais souffrir avec fermeté; sentir sans céder la rigueur de ses destinées; ne désespérer ni de soi, ni du cours changeant des affaires; garder dans l'adversité un esprit inflexible, qui brave la prospérité des hommes faibles, défie la fortune, et méprise le vice heureux; ... voilà un sort plus noble que l'inconstante bizarrerie des événements ne peut ravir aux hommes qui sont nés avec quelque courage.' (I, 91.)

Vauvenargues extols activity (in his third *Réflexion*, 'Nulle jouissance sans action') as the sole means of realising the individual's moral potential: 'Notre âme ne se possède véritablement que lorsqu'elle s'exerce tout entière' (i, 67). This concept foreshadows the romantic call to 'vivre intensément'. It is along such lines that the arch-enemies in the maxim genre have both been considered precursors of Nietzsche.[48]

La Rochefoucauld's activism differed from that of Vauvenargues in its practical application. Having learned the perils of putting into practice the heroism he admired in a select few, La Rochefoucauld adapted his moral ideals to the restraints of polite society:

J'aime la vraie vertu comme je hais le vrai vice; mais selon mon sens, pour être effectivement vertueux, au moins pour l'être de bonne grace; il faut pratiquer les bienséances, juger sainement de tout, et donner l'avantage aux excellentes choses par-dessus celles qui ne sont que médiocres.[49]

His involvement in society, after the fiasco of the Fronde, was confined primarily to imaginative and contemplative expressions of taste, judgement and wit: 'La suprême habileté consiste à bien connaître le prix des choses' (*Maxime* 244). Vauvenargues objected on the grounds that such wisdom is vain speculation: 'On n'est pas habile pour connaître le prix des choses, si l'on n'y joint l'art de les acquérir' (ii, 82).[50]

---

[48] See Starobinski, 'La Rochefoucauld et les morales substitutives, i', p. 26, and Cavallucci, *Vauvenargues dégagé de la légende* (Naples: Pironti, 1939), pp. 409-12.

[49] Méré's account of La Rochefoucauld's *honnêteté*, in his 'Lettre à Madame la Duchesse de ***', in La Rochefoucauld's *Œuvres*, i, 397.

[50] Vauvenargues' criticism does not take into account the immediate context of this maxim. La Rochefoucauld's maxims 243 and 246 show an orientation towards action. Maxim 66 in particular shows that precise evaluation is the initial step to achieving superiority in any field of activity: 'Un habile homme doit régler le rang de ses intérêts et les conduire chacun dans son ordre. Notre avidité le trouble souvent en nous faisant courir à tant de choses à la fois que, pour désirer trop les moins importantes, on manque les plus considérables.' Yet Vauvenargues' commitment to action is less circumspect than that of La Rochefoucauld. The following posthumous maxim of the chastened *frondeur* runs counter to Vauvenargues' belief in vigorous action as the only means of sustaining a life worth living: 'Le sage trouve mieux son compte à ne point s'engager

Vauvenargues never abandoned his ideal of the pursuit and conservation of *gloire*. In spite of his diminished health, the invasion of his native Provence prompted him to volunteer his services in a generous, if imprudent, impulse.[51] Vauvenargues embraced a literary career only after military and diplomatic options were definitively closed to him. Nonetheless, the ennobling effort to be worthy of, but not dependent upon, glory never ceased to inspire him.[52]

In a letter to Mirabeau he had described the range of activity open to men of superior intellect when they are unable to participate in externalised activity. A kind of happiness and virtue is possible, independent of fame and fortune:

La pompe et les prospérités d'une fortune éclatante n'ont jamais élevé personne, aux yeux de la vertu et de la vérité; l'âme est grande par ses pensées et par ses propres sentiments, le reste lui est étranger; cela seul est en son pouvoir. Mais, lorsqu'il lui est refusé d'étendre au dehors son action, elle l'exerce en elle-même, d'une manière inconnue aux esprits faibles et légers, que l'action du corps seul occupe. . . . la raison et la sagesse savent créer des plaisirs, des occupations, des vertus, sans emprunter de la gloire, ni de l'éclat de la fortune, une félicité trop souvent reprochable, trop fragile, et trop achetée. [Letter dated 3 March 1740, II, 178]

With the debilitating illnesses he suffered impinging even upon this superior life of the soul, Vauvenargues finally looked to literature as a means of vindicating, if only posthumously, his dedication to a higher sense of virtue.

---

qu'à vaincre' (*Maxime* 549). *Cf.* Vauvenargues' Renaud: 'J'avais l'âme haute, et . . . j'aimais à lutter contre mon mauvais destin: le combat me plaisait sans la victoire' (II, 56).

[51] See Vauvenargues' letter to Saint-Vincens dated 'Paris, le 24 novembre 1746', approximately five months before he succumbed to his illnesses (II, 297-8). *Cf. Maxime* 430: 'Il n'appartient qu'au courage de régler la vie.'

[52] Henry Bonnier, in the preface to his two-volume edition of Vauvenargues' *Œuvres complètes* (Paris: Hachette, 1968), separates this kind of *ambition* from the ordinary sense of the word: 'Elle est "plus secrète", et, si elle prétend à la gloire, et même aux honneurs, elle dédaigne la fortune. Elle est désintéressée, parce qu'elle ne s'attache pas à un objet ordinaire. Il faut bien voir, en effet, que dans les commencements de sa vie du moins, Vauvenargues met toute son ambition à vouloir s'affirmer à ses propres yeux. . . .' (Vol. I, p. 19.)

At the opposite end of the moral spectrum, the vices which provoked the scorn of both La Rochefoucauld and Vauvenargues are generally characterised by the absence of corresponding virtues. Although the term *vices* as used by these authors usually refers to an habitual disposition to selfish motivation or activity, and may thus be opposed to the original Latin sense of *vitium* as a defect, the latter etymological meaning best delineates what they sensed as the most personally obnoxious human failing. This flaw can render man despicable more readily than corrupt behaviour: 'On ne méprise pas tous ceux qui ont de vices, mais on méprise tous ceux qui n'ont aucune vertu' (La Rochefoucauld, *Maxime* 436). The privation of virtue is the kind of vice which was most distasteful to both authors, since it signifies not so much depravity of character or conduct, which can change, but rather the non-entity of some men. Accordingly, they reserved their most complete condemnation for the least productive of human attributes: sloth and weakness. Both may be considered aspects of the same deficiency in man: one is a passion which smothers all impetus to action; the other is a more endemic deficiency which limits one's potential for the energetic exercise of reason or sentiment. La Rochefoucauld goes beyond the common admission that laziness has a dilatory effect on the pursuit of virtue.[53] Sloth is a painless destroyer of the moral dimension once it becomes man's dominant passion:

C'est se tromper que de croire qu'il n'y ait que les violentes passions comme l'ambition et l'amour, qui puissent triompher des autres. La paresse, toute languissante qu'elle est, ne laisse pas d'en être souvent la maîtresse: elle usurpe sur tous les desseins et sur toutes les actions de la vie; elle y détruit et y consume insensiblement les passions et les vertus. [*Maxime* 266]

Indolence is the diabolic sentry guarding the frontier of several virtues (*Maxime* 512); although its ravages are hidden, it is the most ardent and malignant of passions (*Maxime* 630).

[53] 'De tous nos défauts, celui dont nous demeurons le plus aisément d'accord, c'est de la paresse: nous nous persuadons qu'elle tient à toutes les vertus paisibles, et que, sans détruire entièrement les autres, elle en suspend seulement les fonctions' (*Maxime* 398).

Of all human failings, weakness is the most serious because it alone is incorrigible (*Maxime* 130). For La Rochefoucauld it is more detrimental than vice: 'La faiblesse est plus opposée à la vertu que le vice' (*Maxime* 445). If Mme de Sablé's interpretation of this maxim is correct, vice here is considered as an acquired trait which can be altered, while weakness, being an inborn characteristic, defies correction: 'Le vice se peut corriger par l'étude de la vertu, et la foiblesse est du tempérament, qui ne se peut quasi jamais changer'.[54] Another incapacity of the weak character helps to explain why it is irreconcilably opposed to virtue: 'Les personnes faibles ne peuvent être sincères' (*Maxime* 316). Vauvenargues felt that weakness leads men to dissimulate even their most virtuous inclinations:

Les hommes dissimulent par faiblesse, et par crainte d'être méprisés, leurs plus chères, leurs plus constantes, et quelquefois leurs plus vertueuses inclinations. [*Maxime* 328]

Since both moralists deeply cherished sincerity,[55] one can easily see why its absence marks the sub-moral man. This imperfection is also the cause of the most serious misconduct: 'L'on fait plus souvent des trahisons par faiblesse que par un dessein formé de trahir' (*Maxime* 120).[56] La Rochefoucauld's denunciation of moral inertia, although contributing to the pessimistic tenor of the *Maximes*, does not negate the ideal of a powerful elite, diametrically opposed to the mass of weak-willed men.[57] The *Maximes* suppose untapped energy resources

[54] Cited by Gilbert in his edition of La Rochefoucauld's *Œuvres*, I, 195, note 4.

[55] See *supra,* ch. I, pp. 14-17.

[56] *Cf.* Vauvenargues' *Maxime* 824: 'La haine des faibles n'est pas si dangereuse que leur amitié.'

[57] Jean Starobinski sees La Rochefoucauld as concentrating on the negative majority without dismissing the possibility of a moral elite: 'Sans renier le principe aristocratique selon lequel la grandeur est l'apanage d'un petit nombre d'élus, La Rochefoucauld s'emploie davantage à en démontrer l'envers: dans l'immense majorité des hommes, c'est la faiblesse qui prédomine. Cette morale de substitution, qui a congédié les valeurs du bien et de la vertu, oppose à son pôle positif (la force) un pôle négatif qui pourra donner prise à la dénonciation pessimiste: l'apathie, l'inértie, la passivité.' 'La Rochefoucauld et les morales substitutives, I', pp. 28-9.

in man: 'Nous avons plus de force que de volonté, et c'est souvent pour nous excuser à nous-mêmes que nous imaginons que les choses sont impossibles' (*Maxime* 30).

Vauvenargues is more indulgent than La Rochefoucauld when considering those common weaknesses which afflict all men:

Que le sentiment de nos faiblesses ne nous fasse pas perdre celui de nos forces. . . . Avant de rougir d'être faibles, mon très-cher ami, nous serions moins déraisonnables de rougir d'être hommes.

This tolerant form of humanism did not prevent him from reproving the sinister effects of flaccidity in man's moral life. Sloth is a consequence of impotence (1, 62) and is fatal to virtue:[58]

La véritable vertu ne peut se reposer ni dans les plaisirs, ni dans l'abondance, ni dans l'inaction: . . . l'activité a ses dégoûts et ses périls; mais . . . ces inconvénients, momentanés dans le travail, se multiplient dans l'oisiveté, où un esprit ardent se consume lui-même et s'importune. [1, 136]

For Vauvenargues, *modération* and *élévation*, qualities of the elite, are reduced to mediocrity and arrogance in spineless men.[59] The greater emphasis placed on virtuous actions is designed to encourage self-confidence and emulation: 'Le sentiment de nos force les augmente' (*Maxime* 75). Without this feeling of inner force, the weak are doomed to remain incurable moral invalids who do not respond to the call of reason: 'La raison est presque impuissante pour les faibles.'[60]

Although their degree of accord on the subject of those who eschew (or are incapable of) activity is considerable, La Rochefoucauld and Vauvenargues differ in their analyses of the

[58] *Cf.* Vauvenargues, 1, 135: 'Insensés que nous sommes, nous craignons toujours d'être dupes ou de l'activité, ou de la gloire, ou de la vertu! Mais qui fait plus de dupes véritables que l'oubli de ces mêmes choses? Qui fait des promesses plus trompeuses que l'oisiveté?'

[59] 'Ce qui est arrogance dans les faibles est élévation dans les forts; comme la force des malades est frénésie, et celle des sains est vigueur.' (*Maxime* 74).

[60] 1, 376, note 1, variant of the following maxim: 'La raison et la liberté sont incompatibles avec la faiblesse' (*Maxime* 20).

psychological effects of inaction. In his maxim 630, withdrawn after the 1665 edition (probably because it repeats ideas expressed in the more concise maxim 266), La Rochefoucauld reiterates the imperceptible manner in which the vice of sloth inflicts its violence on man's passions and interests. After having characterised it as 'la rémore qui a la force d'arrêter les plus grands vaisseaux' and as 'une bonace plus dangéreuse aux plus importantes affaires que les éceuils et que les plus grandes tempêtes', he sums up his analysis of the effects of sloth with a description of the artificial state of euphoria it produces, intoxicating the soul:

> Le repos de la paresse est un charme secret de l'âme qui suspend soudainement les plus ardentes poursuites et les plus opiniâtres résolutions; pour donner enfin la véritable idée de cette passion, il faut dire que la paresse est comme une béatitude de l'âme, qui la console de toutes ses pertes, et qui lui tient lieu de tous les biens. [*Maxime* 630]

A manuscript version recorded by Gilbert gives a different final clause to this maxim, denoting the ultimate effect of this passion upon the soul: '[La paresse] la fait renoncer à toutes ses prétentions' (1, 264, note 6). Of all the passions only *paresse* can claim universal rule over man: 'Si nous considérons attentivement son pouvoir, nous verrons qu'elle se rend en toutes rencontres maîtresse de nos sentiments, de nos intérêts et de nos plaisirs' (*Maxime* 630).

Vauvenargues does not grant sloth complete sway over our feelings and acts. He would dispute the statement that such repose can be best described as a 'béatitude de l'âme'. The allure of idleness is rapidly dispersed; action alone can satisfy the soul's yearning for happiness:

> Ceux qui considèrent sans beaucoup de réflexion les agitations et les misères de la vie humaine, en accusent notre activité trop empressée, et ne cessent de rappeler les hommes au repos et à jouir d'eux-mêmes. Ils ignorent que la jouissance est le fruit et la récompense du travail; qu'elle est elle-même une action; qu'on ne saurait jouir qu'autant que l'on agit, et que notre âme enfin ne se possède véritablement que lorsqu'elle s'exerce tout entière. Ces faux philosophes s'empressent à détourner l'homme de sa fin, et à justifier l'oisiveté; mais la nature vient à notre secours dans ce danger.

I

L'oisiveté nous lasse plus promptement que le travail, et nous rend à l'action, détrompés de ses promesses. . . . ['Nulle jouissance sans action', 1, 67]

Although La Rochefoucauld does not justify laziness, he does acknowledge its mastery over man's most basic instincts, while Vauvenargues sees it as subservient to the natural call to action. Pascal is perhaps the principal target of Vauvenargues' thoughts on activity and repose. One recalls the following remark by Voltaire on the *Pensées*:

Il est impossible à la nature humaine de rester dans cet engourdissement imaginaire. . . . L'homme est né pour l'action, comme le feu tend en haut et la pierre en bas. N'être point occupé et n'exister pas est la même chose pour l'homme. Toute la différence consiste dans les occupations douces ou tumultueuses, dangereuses ou utiles.[61]

In his own argumentation Vauvenargues re-works the Pascalian view of man's inability to find true repose:

Un homme qui dit: Les talents, la gloire, coûtent trop de soins, je veux vivre en paix si je puis; je le compare à celui qui ferait le projet de passer sa vie dans son lit, dans un long et gracieux sommeil. O insensé! pourquoi voulez-vous mourir vivant? Votre erreur en tous sens est grande: plus vous serez dans votre lit, moins vous dormirez; le repos, la paix, le plaisir, ne sont que le prix du travail. [1, 130-31]

Like Voltaire, he uses man's inability to find tranquillity as a justification of his own commitment to social action, not as a sign of the need to seek true peace in Pascal's faith.[62]

Aspects of La Rochefoucauld's *Maximes* which tend to dis-

---

[61] *Lettres philosophiques*, p. 159, remark No. 23, concerning Pascal's *Pensée* 139 (Br.). *Cf.* Vauvenargues, *Maxime* 198: 'Le feu, l'air, l'esprit, la lumière, tout vit par l'action; de là, la communication et l'alliance de tous les êtres; de là, l'unité et l'harmonie dans l'univers. Cependant cette loi de la nature, si féconde, nous trouvons que c'est un vice dans l'homme; et, parce qu'il est obligé d'y obéir, ne pouvant subsister dans le repos, nous concluons qu'il est hors de sa place.'

[62] Mina Waterman notes the following aspect of Voltaire's relation to Pascal which holds true for Vauvenargues in this context and is often the case in his 'refutation' of La Rochefoucauld: 'Their observations were often even startlingly similar. The great difference between them lay in the fact that their aims were diametrically opposed.' *Voltaire, Pascal and Human Destiny* (New York: King's Crown Press, 1942), p. 42.

courage action, such as the following posthumous maxim, may
also have been in Vauvenargues' mind when he penned his
defence of boundless activity: 'Le sage trouve mieux son
compte à ne point s'engager qu'à vaincre' (*Maxime* 547).
Vauvenargues, rather, espouses the view he lends to Renaud,
that the struggle against repressive fortune is the essence of
what makes life worth living, so that the combat is invigorating,
even without victory.[63] Sloth may merely restrict his activities
to the most frivolous and least rewarding levels. Far from
providing a false sense of beatitude, the experience of inaction
has a degrading effect even on those who, like 'l'homme
pesant' are naturally inclined to sloth:

Il rêve, il sommeille, il digère, il sue d'être assis; et son âme, qui est
entièrement ramassée dans ses durs organes, pèse sur ses yeux, sur
sa langue, et sur les imaginations les plus actives de ceux qui
l'écoutent. [I, 320, note 1]

The soul is the prisoner of such a man. He is not to be envied
in his lethargic kind of peace: 'Malheureux d'ignorer les
craintes, les désirs et les inquiétudes qui agitent les autres
hommes, puisqu'il ne jouit du repos qu'au prix plus touchant
des plaisirs!' (I, 320, note 2). This acceptance of the disquieting
elements in man's make-up which are responsible for his
greater activity is typical of Vauvenargues' psychology. Like
the minority of characters portrayed in a negative light in his
'Essai sur quelques caractères', the man given over to inactivity
or pettiness is to be pitied as devoid of any moral fibre:
'Pauvre être, sans vertus et sans vices, et qui ne connaît ni les
biens, ni les maux de la vie, ni le plaisir, ni la gloire!' (I, 320,
note 2).[64]

Inveterate weakness, an even more distressing and dangerous
mixture of ineptitude and violence, condemns some men to
moral sterility. Vauvenargues characterised this particular
flaw in 'Polidor, ou l'*Homme faible*':

[63] Vauvenargues, *Œuvres*, II, 56. Cited *supra*, note 43.
[64] Fernand Vial noted the severe moral condemnation inherent in
Vauvenargues' characterisations of sloth: 'L'oisiveté, parce qu'elle
entraîne la stérilité, devient bientôt une cause de mort; les énergies vitales
se dissolvent et meurent d'inaction. Aussi est-elle un vice physique,
organe de destruction.' *Une Philosophie et une morale du sentiment*, p. 142.

Il s'inquiète et il se tourmente pour les plus petites affaires; il ne peut se résoudre ni à les entreprendre, ni à les négliger; son âme succombe sous le poids de son indécision et de son indolence, fatiguée de ce qu'elle veut et ne peut mettre à fin. . . . Il n'a dans l'esprit que tout juste la force nécessaire pour supporter les humiliations qui l'accablent; son caractère est de flotter entre toutes les vertus et tous les vices, de ne pouvoir suivre ni ses passions, ni sa raison, ni sa commodité, ni ses devoirs, ni la vérité, ni l'erreur, mais de céder au caprice des événements, et de se partager toute sa vie entre les sentiments les plus contraires; car l'ordre sévère des Dieux ne lui a dispensé que des vertus aussi stériles et aussi impuissantes que ses vices. [1, 324-5]

In terms of social morality such people are dead weight. They have their natural impetus towards action severely circumscribed by their weakness of character:

Ce n'est pas que leur naturel n'agisse sourdement sur leur conduite; mais ce faible instinct, qu'ils n'osent avouer, se renferme dans d'étroites limites qu'il ne franchit point. [1, 325]

In the weak character the soul has vanished in the absence of virtue:

Lipse n'avait aucun principe de conduite; il vivait au hasard et sans dessein; il n'avait aucune vertu; le vice meme n'était dans son cœur qu'une privation de sentiment et de réflexion; pour tout dire, il n'avait point d'âme. Vivant, sans être sensible au deshonneur; capable d'exécuter, sans intérêt et sans malice, les plus grands crimes; ne délibérant jamais rien; méchant par faiblesse; plus vicieux par dérèglement de l'esprit, que par amour du vice. [1, 304]

The linking of weakness to vice serves to reconcile Vauvenargues' personal distaste for the apathetic with his socially oriented moral code. The thrust of his perspective, shared at least in part by La Rochefoucauld, is to approve the reformation of the weak or artificial criteria used in traditional morality in favour of an ethics consonant with force or vigour: 'Nous louons souvent les hommes de leur faiblesse et nous les blâmons de leur force' (*Maxime* 457).[65] Vauvenargues is

---

[65] *Cf.* Voltaire's twenty-fourth remark on Pascal (concerning *Pensée* 139 Br. on diversion and repose): 'N'est-il pas plaisant que des têtes pensantes puissent imaginer que la paresse est un titre de grandeur, et l'action, un rabaissement de notre nature.' *Lettres philosophiques,* pp. 159-60.

especially concerned in his correspondence with Mirabeau that his friend should not misconstrue his 'sermons' to the latter's younger brother (Louis-Alexandre, chevalier, future comte de Mirabeau), who was then under his patronage in the King's Regiment:

Il me semble que vous avez peur que je ne combatte en lui la force et la fermeté: Dieu me garde de cela! J'honore trop ces vertus, mais je ne sens pas bien qu'elles aient de liaison avec la sécheresse et la rudesse; voilà les vices que j'attaque, la raideur de l'esprit, la dureté des manières, et nullement la hauteur, la force, la véhémence. [Letter dated 13 March 1740: II, 182-3]

The 'Discours sur les plaisirs', which Vauvenargues originally addressed to his dearest friend, Hippolyte de Seytres, broadens the scope of weakness to include the spirit of frivolity which characterised contemporary society. His approach is in harmony with that of La Rochefoucauld when Vauvenargues discusses the virtueless in society:

Je vois que la vanité fait le fonds de tous les plaisirs et de tout le commerce du monde. Le frivole esprit de ce siècle est cause de cette faiblesse. La frivolité, mon ami, anéantit les hommes qui s'y attachent; il n'y a point de vice peut-être qu'on ne doive lui préférer; car encore vaut-il mieux être vicieux que de ne pas être. Le rien est au-dessous de tout, le rien est le plus grand des vices; et qu'on ne dise pas que c'est être quelque chose que d'être frivole: c'est n'être ni pour la vertu, ni pour la gloire, ni pour la raison, ni pour les plaisirs passionnés. Vous direz peut-être: J'aime mieux un homme anéanti pour toute vertu, que celui qui n'existe que pour le vice. Je vous répondrai: Celui qui est anéanti pour la vertu n'est pas pour cela exempt de vices; il fait le mal par légèreté et par faiblesse; il est l'instrument des méchants qui ont plus de génie. . . . Un homme courageux et sage ne craint point un méchant homme; mais il ne peut s'empêcher de mépriser un homme frivole. [I, 139-40]

The man led to vices purely in default of virtues is a common target of both moralists.

When it comes to those vices which prompt men to action, Vauvenargues is intent upon restoring the sense of the integrity and utility of virtue in opposition to vice. The *Maximes* of La Rochefoucauld had the effect of equating these traditional antipodes of ethics, as evidenced by their epigraph: 'Nos vertus ne sont, le plus souvent, que des vices déguisés' (1, 31). La Rochefoucauld calls hypocrisy 'un hommage que le vice rend à la vertu' (*Maxime* 218). Vauvenargues sees in such practice an affirmation of the efficacity of virtue: 'L'utilité de la vertu est si manifeste, que les méchants la pratiquent par intérêt' (*Maxime* 759).

Within the framework of his definition of moral good and evil Vauvenargues insists that the ultimate purpose of an action will reveal its vicious or virtuous motivation:

Quand le vice veut procurer quelque grand avantage au monde, pour surprendre l'admiration, il agit comme la vertu, parce qu'elle est le vrai moyen . . . naturel du bien; mais celui que le vice opère n'est ni son objet, ni son but. Ce n'est pas à un si beau terme que tendent ses déguisements. Ainsi le caractère distinctif de la vertu subsiste; ainsi rien ne peut l'effacer. [1, 53-4]

The perceptive observer can see beyond the masks of virtue in society. While La Rochefoucauld analysed apparently virtuous conduct in order to find its admixture of vices, Vauvenargues concentrated on the ingredient of virtue which gives some worth to otherwise evil inclinations. For La Rochefoucauld it is the inherent blend of vices which makes virtues effective:

Les vices entrent dans la composition des vertus, comme les poisons entrent dans la composition des remèdes: la prudence les assemble et les tempère, et elle s'en sert utilement contre les maux de la vie. [*Maxime* 183]

Vauvenargues uses a similar alchemy to explain the social alliance of vice with virtue, although the latter is given sole credit for the good produced by such an amalgam: 'Les vices, s'ils vont au bien, c'est qu'ils sont mêlés de vertus de patience, de tempérance, de courage, etc.' (1, 53). Vauvenargues qualifies his acceptance of Mandeville's identification of private vices with public good by stressing that the good so obtained is a mixed blessing: 'le bien produit par le vice est toujours mêlé de grands maux' (1, 53). Yet, on the political level, the solution proposed by Vauvenargues agrees with La Rochefoucauld's view of the prudent use of vices by the individual: 'S'il est vrai qu'on ne peut anéantir le vice, la science de ceux qui gouvernent est de la faire concourir au bien public' (*Maxime*

157). That La Rochefoucauld and Vauvenargues are not irreconcilably opposed on the question of the judicious use of vice in the attainment of worthwhile goals is evident in this variant to the previously quoted maxim 157: 'Aidons-nous des mauvais motifs, pour nous fortifier dans les bons desseins' (I, 390, note 3). Both view vice as a poison which, if unadulterated, is the source of all crimes but which, when tempered by positive qualities, actually strengthens our practice of virtue.[66] Vauvenargues' criticism of La Rochefoucauld's maxim 608 ('Il y a des crimes qui deviennent innocents et même glorieux par leur éclat, leur nombre et leur excès. . . .') emphasises the line of demarcation which separates crimes of pure infamy from those in which we must admire the input of qualities superior to the motives they serve:

Ce ne sont . . . pas les grands crimes qui rendent un homme illustre; ce sont ceux qui demandent, dans l'exécution, de grands talents et un génie élevé; tel est l'attentat de Cromwell. [II, 82]

Given his belief in the ultimate utility of virtue, Vauvenargues is usually more confident in its success in achieving fame than is La Rochefoucauld. At times the advantage given those favoured by wealth or noble rank seemed to be an insurmountable obstacle to the success of unaided virtue in the struggle which is life.[67]

[66] 'Il faut demeurer d'accord à l'honneur de la vertu que les plus grands malheurs des hommes sont ceux ou ils tombent par les crimes' (La Rochefoucauld, *Maxime* 183). Philippe Sellier traces back to St Augustin the idea of vices which can be used as poisons which, although normally noxious to the human organism, can be astutely employed as remedies (pp. 553-4). He concludes that much of La Rochefoucauld's originality lies in 'l'étonnante, difficile, précaire alliance de la théorie augustinienne des vertus et de l'habitude du monde' (p. 574). 'La Rochefoucauld, Pascal, Saint Augustin', *Revue d'histoire littéraire de la France*, LXX (May–August 1969).

[67] 'Tous prétendant au même bien, la force décide; ceux qui ont plus d'activité, ou plus de sagesse, ou plus de finesse, ou plus de courage et d'opiniâtreté que les autres, l'emportent. Ainsi, la vie n'est qu'on long combat ou les hommes se disputent vivement la gloire, les plaisirs, l'autorité et les richesses. Mais il y en a qui apportent au combat des armes plus fortes, et qui sont invincibles par position: tels sont les enfants des grands, ceux qui naissent avec du bien, et déjà respectés du monde par

In summation, the admirable attributes both writers perceive in man have one common feature: they require a superior force of the soul. On the negative side, the shortcomings scorned are sloth, weakness and petty vanity. But the presentation of virtues in La Rochefoucauld's *Maximes* does not inspire confidence in our ability to attain true virtue. As in the case of pure love or friendship, the extreme rarity of virtue, in contrast to the multitude of hybrid social substitutes, has the effect of making the reader question every would-be virtue by the elite standards set by La Rochefoucauld. The result is a degradation of the majority of apparent or mixed virtues which do not meet the test. Again, as Emile Faguet wrote, La Rochefoucauld's rigorous criticism of generally accepted virtues does not rule out a meritorious elite:

Il a beaucoup contesté les vertus par amour de la vertu pure, et beaucoup méprisé les hommes avec le secret dessein de relever d'autant les rares privilégiés qui s'en distinguent, grand dédaigneux, chez qui le pessimisme est surtout une pensée aristocratique.[68]

For Vauvenargues as well there is an elite level of conduct, but he is more indulgent toward those who have been barred from achieving virtue owing to the injustice of fortune or society. The examples of virtue which survive the test of La Rochefoucauld's analysis represent a bare gleaning, while they are bountiful in Vauvenargues. Lessons to be drawn from the elite discernible in the works of both writers are to be the subject of the final chapter in this study.

---

leur qualité. De là vient que le mérite qui est nu, succombe; car aucun talent, aucune vertu, ne sauraient contraindre ceux qui sont pourvu par la fortune à se départir de leurs avantages . . . et il n'est pas permis à la vertu de se mettre en concurrence. Cet ordre est injuste et barbare. . . .' (I, 88.)

[68] *Dix-septième siècle: études littéraires*, p. 79.

V

Of exceptional men

Concerning the majority of men who are insensitive to all but their own petty interests, Vauvenargues' assessment appears as pessimistic as that of La Rochefoucauld: 'Je suis vivement persuadé que dans le monde intelligent, comme dans le monde politique, le plus grand nombre des hommes sera toujours peuple' (I, 152). Unlike Descartes, Vauvenargues holds that 'le bon sens est toujours rare' (I, 152, note 1). Such a conception may reflect the influence of aristocratic elitism to which Luc de Clapiers (who borrowed his father's title as Marquis de Vauvenargues) was sensitive, as was 'François, duc de La Rochefoucauld, pair de France, prince de Marcillac, baron de Verteuil, Montignac et Cahuzac'.[1] A modern critic notes:

L'art de vivre des mondains demeure avant tout une technique. Il émane d'un idéal, non d'une vérité. Un La Rochefoucauld—ses maximes le prouvent—connaît fort bien le cœur humain. Mais sa morale, telle qu'on peut l'entrevoir, consiste à composer un type d'humanité quasi chimérique, qui est le contrepied de ses observations. Au réalisme psychologique, qui ne révèle que le mensonge ou la misère de l'homme, s'opposent une perfection et un bonheur imaginaires, accessibles peut-être à quelques âmes d'exception[2]

[1] La Rochefoucauld, *Œuvres complètes* (Bibliothèque de la Pléiade), 'Testament olographe de François VI, duc de La Rochefoucauld', p. 704.

[2] Robert Mauzi, *L'Idée du bonheur au XVIIIe siècle*, p. 217. Among other elements in the aristocratic frame of reference both writers adhered to, La Rochefoucauld and Vauvenargues share the noble prejudice that the art of war is superior to all others: 'L'art de la guerre est plus étendu, plus noble et plus brillant que celui de la poésie' (La Rochefoucauld, *Œuvres*, I, 279). Vauvenargues, who came to letters by default, still held that 'Il n'y

The *Réflexions diverses* present some concrete examples of La Rochefoucauld's exceptional men in three separate, yet related, domains: heroism, character development and aesthetic taste. Vauvenargues' correspondence and diverse literary productions offer comparable illustrations of singular men.[3]

A degree of affinity between the thought of La Rochefoucauld and of Vauvenargues can be perceived in the former's fourteenth *Réflexion*, 'Des modèles de la nature et de la fortune'. Here we find a high regard for men of extraordinary merit. The exemplary career of a man such as Alexander the Great is attributed to the co-ordinated action of 'la nature' and 'la fortune':

> Quel concours de qualités éclatantes n'ont-elles pas assemblé dans la personne d'Alexandre, pour le montrer au monde comme un modèle d'élévation d'âme et de grandeur de courage! Si on examine sa naissance illustre, son éducation, sa jeunesse, sa beauté, sa complexion heureuse, l'étendue et la capacité de son esprit pour la guerre et pour les sciences, ses vertus, ses défauts même, le petit nombre de ses troupes, la puissance formidable de ses ennemis, la courte durée d'une si belle vie, sa mort et ses successeurs, ne verra-t-on pas l'industrie et l'application de la fortune et de la nature à renfermer dans un même sujet ce nombre infini de diverses circonstances? Ne verra-t-on pas le soin particulier qu'elles ont pris d'arranger tant d'événements extraordinaires, et de les mettre chacun dans son jour, pour composer un modèle d'un jeune conquérant, plus grand encore par ses qualités personnelles que par l'étendue de ses conquêtes? [1, 316-17]

In this stirring depiction of the traits forming the portrait of Alexander, the inclusion of faults as part of the supreme model of the conqueror reflects La Rochefoucauld's moral aesthetic

---

a pas de gloire achevée, sans celle des armes' (1, 446).

[3] Vauvenargues reveals his intention of illustrating the rare and striking characteristics of men in the preface to his 'Essai sur quelques caractères': 'Peindre en petit, c'est peindre les hommes; mais l'inclination de l'auteur l'aurait porté à décrire des mœurs plus fortes, des passions, des vertus, des vices. Les caractères véhéments sont certainement plus rares que les autres; mais ils sont plus propres à intéresser les lecteurs sérieux, qui sont ceux à qui l'on destine ce petit ouvrage.' (1, 286, note 3.)

of grandeur, which has its counterpart in the *Maximes*:[4] 'Il n'appartient qu'aux grands hommes d'avoir de grands défauts' (*Maxime* 190). Vauvenargues voiced a similar preference for heroic transcendence, with the degree of risk it implies:

On s'étonne toujours qu'un homme supérieur . . . soit sujet à de grandes erreurs; et moi je serais très-surpris qu'une imagination forte et hardie ne fît pas commettre de très-grandes fautes. [*Maxime* 647]

Vauvenargues' remarks concerning Jean-Baptiste Rousseau are the occasion for his eulogy of Alexander, in response to the poet's *Ode à la Fortune*. The following lines are cited from J.-B. Rousseau's poem as indicative of the 'injustice' of the poet toward Alexander: 'Mais à la place de Socrate, / Le fameux vainqueur de l'Euphrate / Sera le dernier des mortels' (I, 259). In a part of this poem which Vauvenargues did not quote we find Alexander's virtue directly challenged because of its admixture of vices: 'Etrange vertu, qui se forme / Souvent de l'assemblage énorme / Des vices les plus détestez.'[5] In a variant to maxim 286 Vauvenargues takes J.-B. Rousseau to task for his low opinion of Alexander's virtues:

Le plaisir le plus délicat des petites âmes est de découvrir le défaut des grandes; on ne devrait point imposer par ce genre d'esprit. Je ne puis admirer un auteur qui réclame en vers insultants contre les vertus d'Alexandre. [I, 425, note 2]

It is in response to the poet's query ('Quel est donc le Héros solide / Dont la gloire ne soit qu'à lui?')[6] that Vauvenargues paid this homage to Alexander:

[4] For a discussion of the role of force and grandeur in determining admiration in Corneille, La Rochefoucauld and Vauvenargues, see *supra*, ch. IV, pp. 107-11.

[5] Jean-Baptiste Rousseau, *Œuvres diverses*, vol. I (London, 1731), p. 57.

[6] *Ibid.*, p. 59. The following more general application of the poet's cynical view of heroism represents the kind of argumentation Vauvenargues had countered in his critique of La Rochefoucauld:

Montrez-nous guerriers sublimes,
Votre vertu dans tout son jour.
Voions comment vos cœurs sublimes
Du sort soutiendront le retour.
Tant que sa faveur vous seconde

Je suis forcé d'admirer les rares vertus d'Alexandre, et cette hauteur de génie qui, soit dans le gouvernement, soit dans la guerre, soit dans les sciences, soit même dans sa vie privée, l'a fait paraître, jusque dans ses erreurs, comme un homme extraordinaire et qu'un instinct grand et sublime élevait au-dessus des règles. Je veux révérer un héros qui, parvenu au faîte des grandeurs humaines, ne dédaignait pas la familiarité et l'amitié; qui dans cette haute fortune, respectait encore le mérite; qui aima mieux s'exposer à mourir que de soupçonner son médecin de quelque crime, et d'affliger, par une défiance qu'on n'eût pas blâmée, la fidélité d'un sujet qu'il estimait; le maître le plus libéral qu'il y eût jamais, jusqu'à ne réserver pour lui que l'*espérance*; plus prompt à réparer ses injustices qu'à les commettre, et plus pénétré de ses fautes que de ses triomphes; né pour conquérir l'univers, parce qu'il était digne de lui commander; et, en quelque sorte, excusable de s'être fait rendre des honneurs divins, dans un temps où toute la terre adorait des dieux moins aimables. [1, 259]

As in his aesthetics,[7] the key to the appreciation of the admirable qualities of great men is the heart:

Ce mépris de Rousseau pour Alexandre, que l'on remarque aussi dans Boileau, prouve que ce n'est point assez d'avoir de la raison pour raisonner juste sur les grandes choses, que l'on ne connaît parfaitement que par le cœur. [1, 259, note 5]

In his first *Dialogue*, 'Alexandre et Despréaux', Vauvenargues has Boileau confess the insincerity of his characterisation of Alexander as a madman and a bandit.[8] Here it becomes clear

---

Vous êtes les maîtres du monde,
Votre gloire vous éblouit,
Mais au moindre revers funeste
Le masque tombe: l'homme reste;
Et le héros s'évanouit. [pp. 60-61]
See also La Rochefoucauld's maxim 24 and Vauvenargues' remark, *supra*, ch. IV, pp. 106-7.

[7] Not only is taste based on sentiment (1, 15-16) but the heart is the surer mode of knowing for Vauvenargues (see *supra*, ch. II, 'Reason and sentiment') and is the guide to his own kind of moral aesthetics.

[8] In his *Satire VIII* Boileau gave the following depreciatory exposé on Alexander the Great's career:

L'enragé qu'il estoit, né Roi d'une province,
Qu'il pouvoit gouverner en bon et sage prince,

that one must be a member of the elite in order to judge greatness:

Despréaux. J'étais né avec quelque justesse dans l'esprit; mais les esprits justes, qui ne sont point élevés, sont quelquefois faux sur les choses de sentiment, et dont il faut juger par le cœur.

Alexandre. C'est, apparemment, par cette raison que beaucoup d'esprits justes m'ont méprisé; mais les grandes âmes m'ont estimé; et votre Bossuet, votre Fénelon, qui avaient le génie élevé, ont rendu justice à mon caractère, en blâmant mes fautes et mes faibles. [II, 2-3]

This is another case of Vauvenargues' extension of sentiment beyond pure aesthetics as the most worthy criterion for judging heroic as well as artistic grandeur.[9] Since Vauvenargues believed that 'tous les hommes ne sont pas égaux par le cœur' (I, 32), it follows that exceptional men are evaluated fairly only by their intuitive peers. From this vantage-point even Alexander's errors and self-deification do not impair his pre-eminence. In the case of La Rochefoucauld, the virtues of Alexander surpass the general experience of moral torpor found in the *Maximes*. For Vauvenargues heroic qualities which transcend the norm are the examples which history has left in order to guide and inspire the audacious few who would emulate greatness. For example, Vauvenargues has Brutus postulate the ability of the chosen few to surpass the natural inclination towards ingratitude: 'Je crois que les belles âmes peuvent surmonter leur instinct, ou sortir, en ce point, des règles générales' (II, 31-2).

The tone of admiration which both La Rochefoucauld and

S'en alla follement et pensant estre Dieu,
Courir comme un Bandit qui n'a ni feu ni lieu,
Et traînant avec soi les horreurs de la guerre,
De sa vaste folie emplir toute la terre.
Heureux! si de son temps pour cent bonnes raisons
La Macédoine eust eu des petites-Maisons,
Et qu'un sage Tuteur l'eust en cette demeure,
Par avis de Parens enfermé de bonne heure.
In *Œuvres complètes* (Paris: Gallimard, Bibliothèque de la Pléiade, 1966), p. 43.

[9] Vauvenargues advocated the application of the touchstone of sentiment to virtually all areas of knowledge and experience. See *supra*, ch. II, 'Reason and sentiment', pp. 29-31.

Vauvenargues exhibit on the subject of Alexander differs in one important respect. The object of La Rochefoucauld's esteem is not primarily Alexander. The true artists who created him, nature and fortune, are responsible for his merit. In Vauvenargues' view it is Alexander's great genius and voluntary decisions which are stressed rather than the design of fortune and nature.

Their depiction of another famous historical figure, Julius Caesar, shows the same admiration for the rich amalgam of character traits and natural qualities with which he was endowed. La Rochefoucauld writes:

Si on considère de quelle sorte la nature et la fortune nous montrent César, ne verra-t-on pas qu'elles ont suivi un autre plan, qu'elles n'ont enfermé dans sa personne tant de valeur, de clémence, libéralité, tant de qualités militaires, tant de pénétration, tant de facilité d'esprit et de mœurs, tant d'éloquence, tant de grâces du corps, tant de supériorité de génie pour la paix et pour la guerre, ne verra-t-on pas, dis-je, qu'elles ne se sont assujetties si longtemps à arranger et à mettre en œuvre tant de talents extraordinaires, et qu'elles n'ont contraint César de s'en servir contre sa patrie, que pour nous laisser un modèle du plus grand homme du monde, et du plus célèbre usurpateur? [I, 317]

Vauvenargues, in his correspondence with Mirabeau, insists that the ideal qualities of 'la hauteur, la force, la véhémence . . . l'adresse et la douceur' may coexist under the judicious guidance of a superior mind, and proves his point by citing the example of Caesar:

Il est vrai que ces qualités se trouvent rarement ensemble, parce que la plupart des hommes se laissent dominer par leur tempérament, par leur éducation et par leurs habitudes; mais une raison égale à la force des passions les tempère, et les conduit. Quel homme eut des passions plus vives, plus grandes, plus de force d'esprit, un courage plus haut que César, ou encore Alcibiade? et quel homme eut en même temps, plus d'art, plus de douceur, et de jeu dans l'esprit? qui fut plus insinuant, plus indulgent, plus facile? Il est ridicule de citer de si grands noms: cependant, ces noms-là décident. [II, 183]

Here each of Caesar's multiple talents is stressed by the repetition of the adverbial 'plus' as by La Rochefoucauld's

similar use of 'tant'. The entire passage from La Rochefoucauld's *Réflexion* quoted above emphasises the artistry of
nature and fortune, which constrain Caesar to use his talents
against his country in order to produce an 'héros en mal', a
usurper. This last pejorative note is absent from Vauvenargues'
account. Beyond their combined role in his birth, fortune is
mentioned without any reference to nature as the builder of
Caesar's entire career. As in Montaigne,[10] the crucial factor in
the attainment of fame designated by La Rochefoucauld is 'la
fortune':

Combien d'obstacles ne lui a-t-elle pas fait surmonter! De combien
de périls, sur terre et sur mer, ne l'a-t-elle pas garanti, sans jamais
avoir été blessé! Avec quelle persévérance la fortune n'a-t-elle pas
soutenu les desseins de César, et détruit ceux de Pompée! Par quelle
industrie n'a-t-elle pas disposé ce peuple romain, si puissant, si fier,
et si jaloux de sa liberté, à la soumettre à la puissance d'un seul
homme! [I, 318]

Fortune's arrangement of the circumstances surrounding
Caesar's death is consistent with the way in which he lived:
'Ne s'est-elle pas même servie des circonstances de la mort de
César, pour la rendre convenable à sa vie?' (I, 318). Vauve-
nargues, conversely, feels that fortune fell short of doing full
justice to Caesar's natural potential:

Que manquait-il à César, que d'être né souverain? Il était bon,
magnanime, généreux, hardi, clément; personne n'était plus capable
de gouverner le monde et de le rendre heureux: s'il eût eu une

[10] Montaigne's essay 'De la gloire' had also stressed the dominant role
of fortune in determining fame, citing Caesar and Alexander the Great as
examples. The mention of fortune as the force preserving Caesar without
a single wound in the most perilous encounters is underscored by
Montaigne as well: 'A qui doivent Caesar et Alexandre cette grandeur
infinie de leur renommée qu'à la fortune? Combien d'hommes a elle
estreint sur le commencement de leur progrès, desquels nous n'avons
aucune connoissance, qui y apportoient mesme courage que le leur, si le
malheur de leur sort ne les eut arrestez tout court, sur la naissance de leurs
entreprinses! Au travers de tant et si extremes dangers, il ne me souvient
point avoir leu que Caesar ait esté jamais blessé. Mille sont morts de
moindres perils que le moindre de ceux qu'il franchit. Infinies belles
actions se doivent perdre sans tesmoignage avant qu'il en vienne une à
profit.' *Essais*, II, ch. 16, p. 580.

fortune égale à son génie, sa vie aurait été sans tâche: mais parce qu'il s'était placé lui-même sur le trône par la force, on a cru pouvoir le compter avec justice parmi les tyrans. [1, 58]

Vauvenargues is critical of fortune for marring Caesar's almost perfect career, to the extent that it obliged him to seize power by force, although he was the man most naturally suited to rule the world. Caesar's success was due, in large part, to his flexibility, which for Vauvenargues distinguishes the Roman emperor from other historical personages, such as Cato the Censor and Cato the younger, who in different ways merely incorporate the spirit and manners of their times: 'Mais le génie de César est si flexible à toutes les mœurs, à tous les hommes, à tous les temps, qu'il l'emporte' (II, 186).[11] Like Alcibiades, the multiplicity of Caesar's talents and his extreme adaptibility are to be credited with his attainment of glory. The example of Caesar is applied in a conjectural way by Vauvenargues to suggest contemporary reincarnations of his genius:

César serait un ministre, un ambassadeur, un monarque, un capitaine illustre, un homme de plaisir, un orateur, un courtisan possédant mille vertus, et une âme vraiment noble, dans une extrême ambition. [1, 186]

This tendency to view moral traits as freed from the limitations of time and fortune, by means of the creative literary expression inherent in many of Vauvenargues' *Caractères*, surpasses in scope La Rochefoucauld's reflections on the

[11] Vauvenargues imagined Cato the younger as 'un homme singulier, courageux, philosophe, simple, aimable parmi ses amis, et jouissant avec eux de la force de son âme et des vues de son esprit' (II, 186). But this stature is not to be equated with the timeless virtues of Caesar. La Rochefoucauld, on the contrary, views Cato the younger and Caesar as being equally endowed with exceptional qualities, although differing in their objectives. La Rochefoucauld considers Cato the *chef d'œuvre* of nature and fortune: 'Cet accord de la nature et de la fortune n'a jamais été plus marqué que dans la personne de Caton, et il semble qu'elles se soient éfforcées l'une et l'autre de renfermer dans un seul homme non seulement les vertus de l'ancienne Rome, mais encore de l'opposer directement aux vertus de César, pour montrer qu'avec une pareille étendue d'esprit et de courage, le désir de gloire conduit l'un à être usurpateur, et l'autre à servir de modèle d'un parfait citoyen' (1, 319).

exceptional qualities of illustrious men such as Caesar. Perhaps La Rochefoucauld's own bitter experience of disillusioned heroic fantasies in his youth precluded such expansive applications of unique 'modèles de la nature et fortune'. Caesar is a human wonder of the ancient world, worthy of La Rochefoucauld's admiration. Yet such an exceptional man cannot overshadow the general rule of human weakness. For Vauvenargues, on the contrary, superior *génies* are the beacons which should guide the relatively benighted majority: 'Il n'appartient qu'aux hommes extraordinaires de ramener les autres au vrai, et de les assujetir à leur génie particulier . . .' (i, 67). Such examples of greatness inspired Vauvenargues' concept of an ideal character:

La constance, la hardiesse, la fermeté, le courage dans les grandes entreprises, la hauteur dans l'infortune; et dans le commerce ordinaire, la facilité, la bonté, la vérité, la complaisance, voilà ce que je voudrais faire entrer dans un caractère. [ii, 183]

Vauvenargues devotes much of his writings to adapting, perfecting, defending and preaching just such an elevated concept.

The two contemporary examples with which La Rochefoucauld concludes his fourteenth *Réflexion*, Condé and Turenne, show the endurance of natural merit despite changes of fortune. La Rochefoucauld respects their skilful and courageous pursuit of glory: 'Nous les verrons . . . devoir leur bon succès à leur conduite et à leur courage, et se montrer toujours plus grands, même par leurs disgrâces . . .' (i, 320-21). Here we find the 'hauteur dans l'infortune' and undaunted resourcefulness of the true heroic quality Vauvenargues also revered. La Rochefoucauld and Vauvenargues shared a sensitivity for *virtù* in the valiant, military sense of the term.

La Rochefoucauld's position on the moral lessons to be drawn from the lives of great men is fraught with ambiguity. Despite the praises lavished on heroes such as Alexander in the *Réflexions diverses*, elsewhere the clinical objectivity of the behavioural analyst of the *Maximes* would point to the omnipresent human vices concealed behind the façade of legendary fame. In a letter to the Jansenist Père Thomas Esprit, La Roche-

K

foucauld defines the term *nous* as employed in his *Maximes*:

Quand je dis nous, j'entends parler de l'homme qui ne croit devoir qu'à lui seul ce qu'il a de bon, comme faissaient les grands hommes de l'antiquité . . . il y avait de l'orgueil, de l'injustice et mille autres ingrédients dans la magnanimité d'Alexandre et de beaucoup d'autres . . . dans la clémence d'Auguste pour Cinna il y eut un désir d'éprouver un remède nouveau, une lassitude de répandre inutilement tant de sang, et une crainte des événements à quoi on a plutôt fait de donner le nom de vertu que de faire l'anatomie de tous les replis du cœur.[12]

This view later finds expression in the *Réflexions diverses*, not against the heroes of antiquity but against those who make a travesty of their nature by inept imitation.

The dubious emulative value of such heroic models is seen in La Rochefoucauld's seventh *Réflexion*, 'Des exemples':

Quelque différence qu'il y ait entre les bons et les mauvais exemples, on trouvera que les uns et les autres ont presque également produit de méchants effets; je ne sais même si les crimes de Tibère et de Néron ne nous éloignent pas plus du vice, que les exemples estimables des plus grands hommes ne nous approchent de la vertu. Combien la valeur d'Alexandre a-t-elle fait de fanfarons! Combien la gloire de César a-t-elle autorisé d'entreprises contre la patrie! Combien Diogène a-t-il fait de philosophes importuns, . . . Marius et Sylla de vindicatifs, Lucullus de voluptueux, Alcibiade et Antoine de débauchés, Caton d'opiniâtres! Tous ces grands originaux ont produit un nombre infini de mauvaises copies. Les vertus sont frontières des vices; les exemples sont des guides qui nous égarent souvent, et nous sommes si remplis de fausseté, que nous ne nous en servons pas moins pour nous éloigner du chemin de la vertu, que pour le suivre. [1, 300-301]

Here we see the complexity of La Rochefoucauld's moral system. Examples of great men and true virtues can be found (La Rochefoucauld takes care not to condemn them *per se*), but from the practical, moral or psychological point of view they merely aggravate our penchant for deception. In the *Maximes* he states that satire is the only domain in which imitation may serve a useful moral purpose: 'Les seules bonnes copies sont celles qui nous font voir le ridicule des méchants originaux'

---

[12] La Rochefoucauld, *Œuvres complètes*, Bibliothèque de la Pléiade, p. 631.

(*Maxime* 133). Imitation rarely succeeds in elevating men not so predestined by nature and fortune; it simply masks or represses their own natural character.[13]

A recently discovered *Fragment* places exceptional heroes, like Condé and Turenne, within the domain of fortune's general control over wordly fame:

> Le soin que la fortune a pris d'élever et d'abattre le mérite des hommes, est connu dans tous les temps, et il y a mille exemples du droit qu'elle s'est donné de mettre le prix à leur qualités, comme les souverains mettent le prix à la monnaie, pour faire voir que sa marque leur donne le cours qu'il lui plaît. . . . La gloire du comte d'Harcourt sera en balance avec celle de Monsieur le Prince et M. de Turenne, malgré les distances que la nature a mises entre eux; elle aura un rang dans l'histoire, et on n'osera refuses à son mérite ce que l'on sait présentement qui n'est dû qu'à sa seule fortune.[14]

The dilemma which the fickleness of fortune poses in society is typified by the Count of Harcourt. Few are attuned to the difference in fame achieved by merit as opposed to that due solely to fortune:

> Notre mérite nous attire l'estime des honnêtes gens, et notre étoile celle du public. [*Maxime* 165]

> Le monde récompense plus souvent les apparences du mérite que le mérite même. [*Maxime* 166]

The total effect of fortune on our evaluation of the actions of others is devastating. As for learning the virtue of prudence from celebrated exploits of the past, as Jean Starobinski points out, this too is an illusion: 'Aucune circonstance ne se répète de façon identique: il n'y a pas de leçon de l'histoire. On se heurte partout à l'imprévisible. . . . On ne pourra jamais "agir avec sûreté".'[15]

[13] In the 1665 edition of the *Maximes* La Rochefoucauld had stated that 'L'imitation est toujours malheureuse, et tout ce qui est contrefait déplait, avec les mêmes choses qui charment lorsqu'elles sont naturelles' (I, 261). The *Réflexions diverses* reiterate this view (I, 287).

[14] La Rochefoucauld, *Œuvres complètes*, Bibliothèque de la Pléiade, p. 267.

[15] Introduction, *Maximes et mémoires par La Rochefoucauld* (Paris: Union Générale d'Editions, 1964), p. 20.

In Vauvenargues moments of doubt about the power of
merit versus fortune in the pursuit of glory are eclipsed by the
need to believe in the efficiency of merit. In the case of literary
fame, Vauvenargues' final goal when all else had failed, talent
alone leads to renown: 'Un ouvrage fait de génie remporte de
lui-même les suffrages, et fait embrasser un métier où l'on peut
aller à la gloire par le seul mérite.'[16] Maxim 772 is more universal in its affirmation that personal worth is the only means
by which one can 'faire sa fortune'. Its removal from the
second edition of Vauvenargues' works may be indicative of
his progressive disillusionment. Growing disenchantment
notwithstanding, greatness illuminates Vauvenargues' entire
moral outlook. For La Rochefoucauld its practical implications
are lost in the caprices of 'la fortune':

Si elle s'est servi des talents extraordinaires de Monsieur le Prince
et de M. de Turenne pour les faire admirer, il paraît qu'elle a
respecté leur vertu, et que tout injuste qu'elle est, elle n'a pu se
dispenser de leur faire justice. Mais on peut dire qu'elle veut
montrer toute l'étendue de son pouvoir, lorsqu'elle choisit des
sujets médiocres pour les égaler aux plus grands hommes.[17]

Although Vauvenargues too came to this bitter realisation
through personal experience of the incertitude of social recog-
nition (I, 446), he never considered fortune the sole arbiter of
gloire (I, 379).

History had offered martial examples of exceptional men
worthy of our admiration, if not imitation. But are they alone
to be praised, to the exclusion of all others? Both La Rochefoucauld and Vauvenargues have a low opinion of society at
large, primarily on account of its emphasis on servile mimicry
and vain flattery, which encourage mediocrity or ostentation.
In turn, these moralists value unique qualities in the character
of a variety of men which, in exceptional cases, may escape the
influence of social pressure to conform or to play-act. The
Réflexions diverses reveal an individualistic approach to life which
foreshadows Vauvenargues' commitment to personality development. La Rochefoucauld considers the harmonious use

[16] Variant to maxim 60 (I, 379, note 6).
[17] La Rochefoucauld, *Œuvres complètes*, Bibliothèque de la Pléiade, p. 267.

of natural talents in various social functions. Society can help to perfect natural gifts. Unfortunately, self-knowledge is rare, and many natural talents lie inert within the depths of man, like buried treasure. Sometimes the abrupt intrusion of fortune or chance breaks the surface of our social artificiality to unearth qualities which had been concealed: 'La plupart des hommes ont, comme les plantes, des propriétés cachées que le hasard fait découvrir' (La Rochefoucauld, *Maxime* 344).[18]

A recent addition to La Rochefoucauld's collected works, his contribution to Mme de Sablé's *Education des enfants*, suggests the need for introspection and independence if one wants to form self-confident individuals, capable of performing great deeds.[19] In his third *Réflexion*, 'De l'air et des manières', he lauds the open expression of nature in children, who have not yet been taught to imitate others, as the reason for their special charm. La Rochefoucauld deplores the inexorable social penchant for imitation which disguises and weakens natural instincts, man's most precious possessions:

Il y a un air qui convient à la figure et aux talents de chaque personne: on perd toujours quand on le quitte pour en prendre un autre. *Il faut essayer de connaître celui qui nous est naturel, n'en point sortir, et le perfectionner autant qu'il nous est possible.* Ce qui fait que la plupart des petits enfants plaisent, c'est qu'ils sont encore renfermés dans cet air et dans ces manières que la nature leur a donnés, et qu'ils n'en connoissent point d'autres. Ils les changent et les corrompent

---

[18] The plant image is pursued further in a posthumous maxim stressing the individuality of talent and, therefore, the futility of inappropriate imitation: 'Dieu a mis des talents différents dans l'homme, comme il a planté des arbres différents dans la nature, en sorte que chaque talent, ainsi que chaque arbre, a sa propriété et son effet qui lui sont particuliers. De là vient que le poirier le meilleur du monde ne sauroit porter les pommes les plus communes, et que le talent le plus excellent ne sauroit produire les mêmes effets du talent le plus commun; de là aussi vient qu'il est aussi ridicule de vouloir faire des sentences, sans en avoir la graine en soi, que de vouloir qu'un parterre produise des tulipes, quoiqu'on n'y ait point semé d'oignons.' (*Maxime* 505.) Cf. *Maxime* 594: 'Chaque talent dans les hommes, de même que chaque arbre, a ses propriétés et ses effets qui lui sont tous particuliers.'

[19] Jacqueline Plantié, 'Une nouvelle "Réflexion" de La Rochefoucauld: l'addition à l'*Education des Enfants* de la Marquise de Sablé', *Revue des sciences humaines*, April–June 1965, pp. 195-6.

quand ils sortent de l'enfance: Il croient qu'il faut imiter ce qu'ils voient faire aux autres, et ils ne le peuvent parfaitement imiter; il y a toujours quelque chose de faux et d'incertain dans toute imitation. ... Chacun veut être un autre, et n'être plus ce qu'il est ... il n'y a point de bonnes copies ... on aime à imiter; on imite souvent, même sans s'en apercevoir, et on néglige ses propres biens pour des biens étrangers, qui d'ordinaire ne nous conviennent pas. [1, 285-7; italics added]

This liberal appreciation of individual independence finds a parallel in Vauvenargues' own pedagogical insights:

On instruit les enfants à craindre et à obéir; l'avarice, l'orgueil, ou la timidité des pères, enseignent aux enfants l'économie, l'arrogance, ou la soumission. On les excite encore à être copistes, à quoi ils ne sont déjà que trop enclins; nul ne songe à les rendre originaux, hardis, indépendants. [*Maxime* 362]

The solution La Rochefoucauld had prescribed as an antidote to children's susceptibility to unenlightened imitation finds the following expression in Vauvenargues: 'Il faudrait plutôt cultiver leur caractère propre, et leur inspirer de *n'en jamais sortir*.'[20] Vauvenargues personally put this rule to the test, opposing fortune, health and parental prejudices concerning his literary vocation. The conflict was inevitable. Freedom is a natural yearning for Vauvenargues, constantly subject to the frustrations of social dependence: 'Le premier soupir de l'enfance est pour la liberté' (*Maxime* 749).

La Rochefoucauld envisioned a subtle harmony between man's social appearance and his inner nature:

La bonne grâce et la politesse conviennent à tout le monde, mais ces qualités acquises doivent avoir un certain rapport et une certaine union avec nos qualités naturelles, qui les étendent et les augmentent imperceptiblement. [1, 288]

La Rochefoucauld's practical *sagesse* strikes a precarious balance between admiration of natural, original character traits which deserve development and frank examination, and the social

---

[20] 1, 428, note 1, variant to *Maxime* 362. In a more pessimistic post-humous maxim Vauvenargues viewed insincerity as the inevitable fate of men in society: 'Tous les hommes naissent sincères, et meurent trompeurs' (*Maxime* 522).

conventions or artificial virtues which must not be overtly rejected. Méré's account of La Rochefoucauld's personal philosophy supports this view of a moralist whose keen insight penetrates the artificiality of conventional morality while, apparently for reasons of mundane necessity, conforming to its illusory rituals.[21] A delicate balance between lucidity which asserts individual independence and the adoption of social *bienséances* allows the elite of *honnêtes gens* to nurture innate qualities gracefully. These exceptional men manage to remain true to self and to society, to the mutual advantage of each.

Vauvenargues' conviction that natural talent ought to chart one's course in life prompted him to remain steadfast, although his literary pursuits ran contrary to aristocratic prejudices: 'Il vaut mieux déroger à sa qualité qu'à son génie: ce serait être fou de conserver un état médiocre, au prix d'une grande fortune ou de la gloire' (*Maxime supprimée* 770). However, his *Réflexion* 'Sur les gens de lettres' shows the extent of Vauvenargues' misgivings about the vocation he had risked all to follow:

Les jeunes gens se flattent, dans leur premier âge, de l'espérance de la gloire; car lorsque l'on est né avec de l'esprit, il faut bien des années pour se persuader que le mérite a si peu de considération parmi les hommes. . . . Mais, à mesure qu'ils avancent dans la vie, ils reconnaissent combien ils se sont trompés, et ils se découragent à la vue des dégoûts et des chagrins qui les attendent. [I, 87]

Vauvenargues is not always as impulsive in his call for emulation of greatness as in his 'Conseils à un jeune homme'. Elsewhere he recognizes the dangers of following elevated examples with the impetus of an enthusiasm which risks falling short of the mark. All too often natural instinct is weighed down by education and condition:

[21] 'Lettre du Chevalier de Méré à Madame la Duchesse de ***', in La Rochefoucauld, *Œuvres*, I, 398: 'Nous devons quelque chose aux coutumes des lieux où nous vivons, pour ne pas choquer la révérence publique, quoique ces coutumes soient mauvaises; mais nous ne leur devons que de l'apparence: il faut les en payer et se bien garder de les approuver dans son cœur, de peur d'offenser la raison universelle, qui les condamne.' This is Méré's account of part of his conversation with La Rochefoucauld, to which varying degrees of credence have been given.

Quelques-uns rompent ces chaînes dont ils sont liés, pour suivre l'attrait de leur génie, et ils prospèrent; mais les exemples en sont rares, et l'on n'ose imiter cette hardiesse, parce qu'on craint de commettre toute sa fortune à son mérite, quoi que l'on en présume d'ailleurs. [1, 91]

Vauvenargues' posthumous maxims perhaps come closest to coping with the problem of discord between self and society. Genius alone can break the bonds of one's social condition (*Maxime* 550). Yet genuine, indomitable greatness of the soul is greeted by the neglect of influential people in society who fear men they cannot manipulate (*Maxime* 561). What can one do who, like Vauvenargues, feels a calling to grandeur above his social status? Courageous action, for all the pitfalls it must brave, remains the only noble alternative: 'On va dans la fortune et dans la vertu le plus loin qu'on peut; la raison et la vertu même consolent du reste' (*Maxime* 545).

The parallel between La Rochefoucauld and Vauvenargues found in the former's *Réflexions diverses* extends into the realm of taste. La Rochefoucauld describes here the type of person whose taste is innately unerring:

Il y en a qui, par une sorte d'instinct, dont ils ignorent la cause, décident de ce qui se présente à eux, et prennent toujours le bon parti. Ceux-ci font paroître plus de goût que d'esprit, parce que leur amour-propre et leur humeur ne prévalent point sur leurs lumières naturelles; tout agit de concert en eux, tout y est sur un même ton. Cet accord les fait juger sainement des objets, et leur en forme une idée véritable; mais, à parler généralement, il y a peu de gens qui aient le goût fixe et indépendant de celui des autres: ils suivent l'exemple et la coutume, et ils en empruntent presque tout ce qu'ils ont de goût. [1, 305-6]

The rare victory of *lumières naturelles* over *amour-propre* and *humeur* is one of the brilliant flashes of light which reveal a higher level of human potential reserved for the chosen few. The forces which warp men's aesthetic sensitivity (not the least of which is the common desire to copy others) are the arbiters of taste for most ordinary mortals.

Although the critical terminology used by La Rochefoucauld is at times hazy, passages such as the one just cited have been seen as part of the evolution in aesthetics toward a greater reliance upon untutored feeling as a valid criterion for judging a work of art. As a modern critic points out:

It should not be hard to see that in the world and in the century as it was seen by La Rochefoucauld, if rational criticism was the ideal, there was not much room left for it, and that some of the space which it might have occupied was already taken up by the inter-operation of mysterious rightness with instinctive taste and feeling.[22]

This kind of *bon goût* resembles that described in Vauvenargues' aesthetics. Like La Rochefoucauld, Vauvenargues is quick to question the validity of the taste of the majority: 'Je crois que l'on peut dire, sans témérité, que le goût du grand nombre n'est pas juste' (I, 17). For Vauvenargues *sentiment* is the basis of artistic creation and criticism alike; it should function in harmony with an equally keen intelligence, granted only to elite souls: 'Il faut donc avoir de l'âme pour avoir du goût; il faut avoir aussi de la pénétration, parce que c'est l'intelligence qui remue le sentiment' (I, 15).[23] These requisite qualities are not acquired but, rather, are natural gifts of a select group of men. Furthermore, true taste must be instantaneous: 'Les choses qu'on ne peut saisir d'un coup d'œil ne sont point du ressort du goût' (I, 16). Thus one rare type of taste revealed in La Rochefoucauld's *Réflexions diverses* has an analogous counter-part in the standard Vauvenargues chose for his aesthetics.

It is significant that, despite his predominately hostile critique of La Rochefoucauld's *Maximes*, Vauvenargues grants their author the kind of merit he accorded somewhat reluctantly to Corneille. While Corneille is given only qualified credit for innovation in drama,[24] La Rochefoucauld is praised as 'l'inventeur du genre d'écrire qu'il a choisi' (II, 75). Evidently it is the originality of their genius, not mere historical precedent which is being judged. Vauvenargues discerns in La

---

[22] Elbert B. O. Borgerhoff, *The Freedom of French Classicism* (Princeton University Press, 1950), p. 110.

[23] See *supra*, ch. II, 'Reason and sentiment', p. 51, on Vauvenargues' synonymous use of the terms *âme* and *sentiment*, or *passion*.

[24] Si Corneille a droit de prétendre à la gloire des inventeurs, on ne peut l'ôter à Racine; mais si l'un et l'autre ont eu des maîtres, lequel a choisi les meilleurs, et les a mieux imités?' (I, 250.)

Rochefoucauld that essential *élévation* and *vaste intelligence* which they both held as qualities of the elite among men.[25]

Cet illustre auteur mérite, d'ailleurs, de grandes louanges, pour avoir été, en quelque sorte, l'inventeur du genre d'écrire qu'il a choisi. J'ose dire que cette manière hardic d'exprimer, brièvement et sans liaison, de grandes pensées, a quelque chose de bien élevé. Les esprits timides ne sont pas capables de passer ainsi, sans gradation et sans milieu, d'une idée à une autre; l'auteur des *Maximes* les étonne par les grandes démarches de son jugement; son imagination agile se promène, sans s'arrêter, sur toutes les faiblesses de l'esprit humain, et l'on voit en lui une vaste intelligence qui, laissant tomber au hasard ses regards rapides, prend toutes les folies et tous les vices pour le champ de ses réflexions. [II, 75]

The final note of this preface to his critique of the *Maximes* suggests that the examples chosen to show the imperfection of La Rochefoucauld's work are but part of the proof Vauvenargues felt he could bring to bear on the subject:

J'ai cru que je pourrais justifier mes fautes en faisant voir qu'il n'appartient pas, même aux écrivains les plus célèbres, d'éviter toute sorte de défauts. J'aurais pu, pour cette fin, critiquer un plus grand nombre des pensées de M. de La Rochefoucauld; mais je me suis borné à en examiner quelque-unes, parce que, ayant combattu encore ailleurs ses opinions, j'ai craint de révolter les partisans zélés de cet auteur, et de rebuter les indifférents. [II, 76]

It is to the credit of Vauvenargues' reputation as a literary critic that, even in his severest judgements of authors he found personally repugnant, he was able to recognize in their works, at least in part, elements of genius which find their reflection in his own literary expression.

---

[25] Both authors recognise the possibility of an elite possessing the capacity for boundless mental perceptivity. For La Rochefoucauld 'un grand esprit' is universal in its activity, except when *l'humeur* deflates its élan (I, 326). Vauvenargues' description of 'un grand génie' is analogous, save that he conditions the relative expansion or restriction of such an intellect on the soul: 'Personne n'ignore que cette qualité dépend aussi beaucoup de l'âme, qui donne ordinairement à l'esprit ses propres bornes, et le rétrécit ou l'étend, selon l'essor qu'elle-même se donne' (I, 13-14).

Conclusion

The primary goal of our enquiry has been to demonstrate the rich complexity inherent in Vauvenargues' relationship to La Rochefoucauld. The ambiguity which Jacques Truchet, referring to La Rochefoucauld, calls the right of a writer to conserve his liberty before posterity is applicable to Vauvenargues as well.[1] At the beginning of this study Vauvenargues' stance as defender of humanity against the discouraging influence of La Rochefoucauld's *Maximes* was compared to Voltaire's remarks on Pascal. The kind of ambiguity modern researchers have seen in the relationship between Voltaire and Pascal, despite the former's clearly negative reaction to the content of the *Pensées*, should also be recognised in the case of Vauvenargues and La Rochefoucauld.[2] Vauvenargues strenuously protested against the effect of his predecessor's *Maximes*, but within their life and works points of contact do exist. The thirty-one-year-old author of the *Introduction à la connaissance de l'esprit* had much in common with the frustrated Prince de Marcillac of the Fronde period. As *moralistes* both writers

[1] Introduction, *Maximes*, ed. Jacques Truchet, pp. lxxi-lxxii: 'Volontiers je revendiquerais pour lui un droit que nous refusons trop souvent à nos écrivains, même à ceux du passé: le droit à l'ambiguïté, à l'incertitude, voire aux contradictions internes,—j'allais dire: le droit de conserver sa liberté devant la posterité que nous sommes. Lui reconnaître ce droit, ne serait-ce pas lui témoigner un peu de cette *honnêteté* qu'il a si bien enseignée ?'

[2] Ira Owen Wade, in accord with the analysis of Mina Waterman cited *supra*, ch. IV, note 62, concludes that Voltaire's criticism of Pascal, while revealing a striking discrepancy in intentions, nevertheless contains a significant degree of ambiguity: 'Voltaire was not always correct in drawing distinctions between himself and Pascal. Nor is it so very clear that Pascal was always opposite in opinion to his opponent.' *The Intellectual Development of Voltaire* (Princeton University Press, 1969), p. 586.

shared a commitment to lucidity as an essential element in their
moral philosophy.[3] Modern critics stress the possibility of
finding positive values in La Rochefoucauld's writings which
offer a basis for reconciling his views with those of Vauvenargues, at least partially. In illustrating the primacy of feeling
and irrational forces over unaided reason La Rochefoucauld
prepared the way, along with other seventeenth-century
writers, for Vauvenargues' rehabilitation of both sentiment and
passion. In tone and intention their insights differ markedly, yet
the essence of their thought is at times analogous on fundamental moral issues.

The central concept of self-love shows the complexity of their
relationship. From a basically amoral, naturalistic analysis of
the nature of self-love, both authors arrive at the necessity of
socially controlled *amour-propre*, suggesting the gratification of
self through socially pleasing or beneficial behaviour. Beyond
concepts of vice and virtue promoted from a utilitarian social
concern, La Rochefoucauld and Vauvenargues reflect a
dialectic of force and weakness which determines their esteem
or scorn for men. Finally, their view of exceptional men shows
the extent to which their admiration of greatness in an elite
may serve as a guide to others.

Vauvenargues' works offer to the elite, if not to all men, a
viable alternative to what he felt was the pessimism of La
Rochefoucauld's *Maximes*. Like different facets of a gem, their
maxims complement one another rather than being mutually
exclusive.[4] It is fitting that there are editions of their reflections

[3] Vauvenargues' perceptivity expressed itself through introspection and
the study of man in general as part of his classical French heritage, as
Anatole Feugère noted: 'Psycholoque plutôt que sociologue, plus pré-
occupé de l'homme en général que des hommes dans leurs relations
sociales et soumis aux conditions que leur impose le climat, Vauvenargues
se rattache à la tradition du XVIIe siècle.' 'Rousseau et son temps (VI):
Vauvenargues, réfutation vivante de La Rochefoucauld', *Revue des cours et
conférences*, XXXVI (30 April 1935), pp. 167-8.

[4] Prévost-Paradol, for example, condemns the confusion in La Rochefoucauld of selfish and disinterested forms of self-love under the term
amour-propre (pp. 152-3). Vauvenargues' concept of *l'amour-de nous-mêmes*
resurrects this virtuous form of love. In general Prévost Paradol finds the
Maximes guilty of omission: 'Leur fausseté n'est que relative et vient
seulement de ce qu'elles omettent' (*Etudes*, p. 162). Henri Chamard echoes

bound together in one volume, thus offering a more complete picture of man, his moral limitations and his potential for courageous action.[5]

this opinion in his article 'Three French moralists of the seventeenth century', *Rice Institute Pamphlet*, vol. XVIII (January 1931), No. 1, pp. 12-13. Vauvenargues tried to supply the counterbalance to what he also considered La Rochefoucauld's one-sided moral perspective.

[5] E.g. *La Rochefoucauld, Maximes, Montesquieu, Pensées diverses, et Œuvres choises de Vauvenargues* (Paris: Didot, 1850); *Moralistes français* (Paris: Lefèvre, 1834); *Réflexions, sentences et maximes morales de La Rochefoucauld, Œuvres choisies de Vauvenargues* (Paris: Gernier, 1922); *Réflexions, sentences et maximes morales de La Rochefoucauld et Œuvres choisies de Vauvenargues* (Paris: Garnier, 1943). Of particular interest is Lautréamont's 'Poésies II', in which the poet mixes and reworks the aphorisms of Pascal, La Bruyère, La Rochefoucauld and Vauvenargues. *Œuvres complètes d'Isidore Ducasse* (Paris: Librairie générale française, 1963), pp. 391-427.

Bibliography

I. Manuscripts

'Autographes de Vauvenargues.' Bibliothèque Méjanes, Aix-en-Provence, France, manuscript No. 196 (R.A. 27).

'Discours sur l'éloquence' [facsimile of an autograph manuscript of Vauvenargues]. Bibliothèque Méjanes, No. 72107.

'Lettres autographes de Luc de Clapiers.' Musée Paul Arbaud, Aix-en-Provence, dossier 1128A2.

'Lettres de Vauvenargues à Mr de Saint-Vincens.' Paris: Bibliothèque nationale, Fr. nouvelles acquisitions, No. 1149.

'Lettres du chevalier de Vauvenargues.' Bibliothèque nationale, Fr. nouvelles acquisitions, Nos. 10608 and 22657.

'Papiers Grafigny.' Bibliothèque nationale, manuscript Fr. nouvelles acquisitions, No. 15590.

'Pensées diverses.' Paris: Bibliothèque nationale, Fr. nouvelles acquisitions, No. 4383.

II. Works in print by La Rochefoucauld and by Vauvenargues

La Rochefoucauld, François, duc de, *Maximes*; Montesquieu, Charles de Secondat, baron de. *Pensées diverses;* Vauvenargues, *Œuvres choisies*. Paris: Didot, 1850.

—*Réflexions, sentences et maximes morales*, ed. G. Duplessis; preface, C.-A. Sainte-Beuve. Paris: Jannet, 1853.

—*Œuvres*, ed. D.-L. Gilbert, J. Gourdault and A. and H. Regnier, four vols. Paris: Hachette, 1868.

—*Œuvres complètes*, ed. A. Chassang, two vols. Paris: Garnier, 1883-84.

—*Réflexions, sentences et maximes morales;* Vauvenargues, *Œuvres choisies*. Paris: Garnier, 1922.

—*Maximes choisies, suivies d'extraits des moralistes du XVIIe siècle*, ed. J.-Roger Charbonnel. Paris: Larousse, 1935.

—*Réflexions et maximes,* in *Moralistes français* (collection including Vauvenargues, *Œuvres complètes*). Paris: Didot, 1938.

—*Réflexions, sentences et maximes morales;* Vauvenargues, *Œuvres choisies.* Paris: Garnier, 1943.

—*Maximes et Réflexions,* ed. Lucien Meunier. Paris: Somogy, 1945.

—*Réflexions ou sentences et maximes morales.* Paris: Garnier, 1961.

—*Maximes et mémoires,* introduction by Jean Starobinski. Paris: Union Générale d'Editions, 1964.

—*'Maximes', suivies des 'Réflexions diverses', du Portrait de La Rochefoucauld par lui-même et des Remarques de Christine de Suède sur les Maximes,* ed. Jacques Truchet. Paris: Garnier, 1967.

—*Réflexions ou sentences et maximes morales,* ed. Dominique Secretan. Geneva: Droz, 1967.

Vauvenargues, Luc de Clapiers, marquis de. *Introduction à la connaissance de l'esprit humain.* Paris: Briasson, 1746.

—*Introduction à la connaissance de l'esprit humain.* Paris: Briasson, 1747.

—'Réflexions critiques sur Rousseau' (followed by 'Sur quelques ouvrages de Voltaire'). *Mercure de France,* July 1753, 14-31.

—*Œuvres complètes,* ed. Fortia d'Urban. Two vols. Paris: Delance, 1797.

—*Œuvres,* ed. Suard. Two vols. Paris: Dentu, 1806.

—*Œuvres complètes.* Two vols. Paris: Brière, 1821.

—*Œuvres complètes de Vauvenargues.* Paris: Lefèvre, 1834.

—*Œuvres choisies de Vauvenargues.* Paris: Didot, 1850.

—*Œuvres,* ed. D.-L. Gilbert. Paris: Furne, 1857.

—*Œuvres posthumes et Œuvres inédites,* ed. D.-L. Gilbert. Paris: Furne, 1857.

—*Œuvres.* Paris: Plon, 1874.

—*Œuvres complètes.* Three vols. Paris: Brière, 1874.

—*Œuvres,* ed. Pierre Varillon. Three vols. Paris: Cité des Livres, 1929.

—*Lettres inédites de Vauvenargues et de son frère cadet,* ed. Georges Saintville. Paris: Société d'édition 'Les Belles-Lettres', 1933.

—*Œuvres complètes,* ed. Henry Bonnier. Two vols. Paris: Hachette, 1968.

—*Réflexions et Maximes,* ed. Samuel S. de Sacy. 'Le Livre de Poche'. Paris: Gallimard et Librairie Générale Française, 1971.

III. *Critical works on La Rochefoucauld*

Bazin de Besons, Jean de, *Vocabulaire des 'Maximes' de La Rochefoucauld.* Paris: published by the author, 1967.

Bénichou, Paul, 'L'Intention des *Maximes*', *L'Ecrivain et ses travaux*. Paris: Corti, 1967.

Bishop, Morris, *The Life and Adventures of La Rochefoucauld*. Ithaca: Cornell University Press, 1951.

Bourdeau, Jean, *La Rochefoucauld*. Paris: Hachette, 1895.

Bruzzi, Amelia, *Dai 'Mémoires' alle 'Maximes' di La Rochefoucauld: le crisi di un moralista*. Bologna: Patron, 1965.

—*La formazione delle 'Maximes' di La Rochefoucauld attraverso le edizioni originali*. Bologna: Patron, 1968.

Butrick, May Wendelene, 'The concept of love in the *Maximes* of La Rochefoucauld', *Dissertation Abstracts*, vol. 20, pt. 4. Ann Arbor: University Microfilms, 1960.

Chamard, Henri, 'Three French moralists of the seventeenth century', *Rice Institute Pamphlet*, vol. xviii (January 1931), No. 1, pp. 1-43.

Dreyfus-Brisac, Edmond, *Le Clef des 'Maximes' de La Rochefoucauld: études littéraires comparées*. Paris: published by the author, 1904.

Furber, Donald, 'The myth of *amour-propre* in La Rochefoucauld', *French Review*, xliii, No. 2 (December 1969), 227-39.

Grandsaignes d'Hauterive, R., *Le Pessimisme de La Rochefoucauld*. Paris: Colin, 1914.

Hémon, Félix, *La Rochefoucauld*. Paris: Lecène Oudin, 1896.

Hippeau, Louis, *Essai sur la morale de La Rochefoucauld*. Paris: Nizet, 1967.

La Rochefoucauld, Gabriel de, *La Première Rédaction des 'Maximes' de La Rochefoucauld*. Paris: Société des écrivains amis des livres, 1927.

MacNeill, Gloriana Harding, 'French Criticism of La Rochefoucauld and his *Maximes* up to 1925', *Dissertation Abstracts: the Humanities and Social Sciences*. Ann Arbor: University Microfilms, 1968. Vol. 28, No. 10, p. 5022-A.

Magne, Emile, *Le Vrai Visage de La Rochefoucauld*. Paris: Ollendorf, 1923.

Marchand, Jean, *Bibliographie générale raisonnée de La Rochefoucauld*. Paris: Giraud-Badin, 1948.

Mora, Edith, *La Rochefoucauld*. Paris: Seghers, 1965.

Moore, Will Grayburn, *La Rochefoucauld: his Mind and Art*. Oxford: Clarendon Press, 1969.

Pancrazi, Pietro, 'Il moralista degli snobs', in *Italiani e stranieri*. Milan: Mondadori, 1957.

Plantié, Jacqueline, ' "L'Amour-propre" au Carmel', *Revue d'histoire littéraire de France*, lxxxi (July–August 1971), 561-73.

L

—'Une Nouvelle "Réflexion" de La Rochefoucauld: l'addition à *l'Education des Enfants* de la Marquise de Sablé', *Revue des sciences humaines*, April–June 1965, 191-203.

Sellier, Philippe, 'La Rochefoucauld, Pascal, Saint Augustin', *Revue d'histoire littéraire de la France*, LXX (May–August 1969), 551-75.

Starobinski, Jean, 'La Rochefoucauld et les morales substitutives', *La Nouvelle Revue française*, CLXIII (July 1966), 16-34; CLXIV (August 1966), 211-29.

Sutcliffe, F. E., 'The system of La Rochefoucauld', *Bulletin of the John Rylands Library*, XLIX (autumn 1966), No. 1, 233-45.

Zeller, Sister Mary Francine, O.S.F., *New Aspects of Style in the 'Maximes' of La Rochefoucauld: a Dissertation.* Washington, D.C.: Catholic University of America Press, 1954.

IV. *Critical works on Vauvenargues*

Académie d'Aix, *Exposition Vauvenargues et son temps*, ed. Marcel Provence, Jean Boyer and Augustin Roux. Aix: Chauvet, May 1947.

Ascoli, Georges, 'Vauvenargues', *Revue des cours et conférences*, XXIV (15 April 1923), 827-38.

Borel, Antoine, *Essai sur Vauvenargues.* Neuchâtel: Guinchard, 1913.

Bourguet, Alfred, 'Vauvenargues', in *Fêtes de Peiresc*. Aix: Remondet-Aubin, 1896.

Bréhier, Emile, 'Vauvenargues', in *Histoire de la philosophie*, vol. II. Paris: Alcan Presses Universitaires de France, 1962.

Cavallucci, Giacomo, *Vauvenargues dégagé de la légende.* Naples: Pironti, 1939.

Champris, Henry Gaillard de, 'Vauvenargues', *Revue des cours et conférences*, XXXVIII (1937), 481-96; 620-36; XXXVIII (1937), 51-65; 749-62.

—'Vauvenargues, directeur de conscience', *Revue des travaux de l'académie des sciences morales et politiques et comptes rendus des séances*, LXLVI (November–December 1936), 842-61.

Feugère, Anatole, 'Rousseau et son temps (VI): Vauvenargues, réfutation vivante de La Rochefoucauld', *Revue des cours et conférences*, XXXVI (30 April 1935), 162-76.

Foureman, Ariadna, 'Vauvenargues: esthéticien, critique littéraire et écrivain'. Ann Arbor: University Microfilms, 1968.

Hof, André, 'Etat présent des "incertitudes" sur Vauvenargues', *Revue d'histoire littéraire de la France*, LXIX (November–December 1969), 935-45.

Juin, Hubert, 'Portrait de Monsieur de Vauvenargues', *Mercure de France*, 1 September 1956, No. 325, 90-96.

Lanson, Gustave, *Le Marquis de Vauvenargues*. Paris: Hachette, 1930.

Lods, Armand, 'Les éditions originales des œuvres de Vauvenargues', *Intermédiaire des chercheurs et curieux*, LCVII (June 1934), 527-8.

Morley, John Viscount, 'Vauvenargues', in *Oracles on Man and Government*, vol. 8. London: Macmillan, 1923.

Mouan, J. L. G., *Quelques mots sur un exemplaire de la première édition des œuvres de Vauvenargues, avec notes manuscrites aux marges*. Aix-en-Provence: Tavernier & Illy, 1856.

Mouttet, Alexandre, *A Propos de Vauvenargues: un cas de délicatess littéraire*. Aix-en-Provence: Remondet, 1896.

Mydlarski, Henri, 'Vauvenargues, théoricien et critique littéraire: un bilan de sa critique'. Ann Arbor: University Microfilms, 1969.

Norman, Sybil M., *Vauvenargues d'après sa correspondance*. Toulouse: Privat, 1929.

Paléologue, Maurice, *Vauvenargues*. Paris: Hachette, 1890.

Reinhardt [Dr], *Vauvenargues; examen critique de son influence sur la littérature française et ses critiques sur le rapport de la grammaire*. Gotha, 1863.

Rehyer, Gustave, *Essai sur Vauvenargues et sa morale, Dissertation académique*. Neustadt–Eberswalde. 1872.

Rousseau, André M., 'L'Exemplaire des œuvres de Vauvenargues annoté par Voltaire, ou l'imposture de l'édition de Gilbert enfin dévoilée', *The Age of Enlightenment: Studies presented to Theodore Besterman*, ed. W. H. Barber, J. H. Bumfitt, R. A. Leigh, R. Shakleton and S. S. B. Taylor. London: Oliver & Boyd, 1967, pp. 287-97.

Sacy, Samuel S. de (ed.), *Noblesse de Vauvenargues*. Paris: Club des Libraires de France, 1956.

—'Vauvenargues, ou qui perd gagne', *Mercure de France*, No. 1112 (1 April 1956), 704-27.

Saintville, Georges, *Autour de la mort de Vauvenargues*. Paris: Vrin, 1932.

—(ed.), *Lettres inédites de Vauvenargues et de son frère cadet*. Paris: Société d'édition 'Les Belles-Lettres', 1933.

—*Quelques notes sur Vauvenargues*. Paris: Vrin, 1931.

—*Stendhal et Vauvenargues*. Paris: Le Divan, 1938.

—*Le 'Vauvenargues' annoté de la Bibliothèque Méjanes*. Paris: Giraud-Badin, 1933.

Souchon, Paul, *Vauvenargues, philosophe de la gloire*. Paris: Tallandier, 1947.

Trahard, Pierre, 'Vauvenargues, ou les Lettres de noblesse de la sensibilité', in *Les Maîtres de la sensibilité française au XVIIIe siècle, 1715-89*. Paris: Boivin, 1932.

Undank, Jack, 'Vauvenargues and the whole truth', *Publications of the Modern Language Association of America*, LXXXV, No. 5 (October 1970), 1106-15.

Vial, Fernand, *Une Philosophie et une morale du sentiment: Luc de Clapiers, marquis de Vauvenargues*. Paris: Droz, 1938.

Vissière, J. L., 'Un Manuscrit inconnu de Vauvenargues', *Revue d'histoire littéraire de la France*, LXVIII, 45-420.

Wallas, May, *Luc de Clapiers, Marquis de Vauvenargues*. Cambridge University Press, 1928.

—'Vauvenargues in 1948', *French Studies*, III (January 1949), 1-24.

v. *Other works consulted*

Adam, Antoine, *Histoire de la littérature française au XVIIe siècle*. Five vols. Paris: Del Duca, 1958-62.

—, Lerminier, Georges and Morot-Sir, Edouard. *Littérature française*. Paris: Larousse, 1967.

Alembert, Jean le Rond d', and Diderot, Denis, *Encyclopedia: Selections*, trans. Thomas Cassirer and Nelly S. Hoyt. Library of Liberal Arts. New York: Bobbs-Merrill, 1965.

Andler, Charles, *Nietzsche, sa vie et sa pensée*, vol. 1. Paris: Gallimard, 1958.

Anglo, Sydney, *Machiavelli: a Dissection*. New York: Harcourt Brace & World, 1969.

Baillie, John, *An Essay on the Sublime* (1947); Los Angeles: Augustan Reprint Society, 1953.

Barni, Jules, *Les Moralistes français au dix-huitième siècle*. Paris: Germer Baillière, 1873.

Bénichou, Paul, *Morales du grand siècle*. Paris: Gallimard, 1948.

Benrubi, Isaak, *L'Idéal moral chez Rousseau, Mme de Staël et Amiel*. Paris: Alcan, Presses Universitaires de France, 1940.

Boileau, Nicolas [Despréaux], *Œuvres complètes*. Paris: Gallimard, Bibliothèque de la Pléiade, 1966.

Borgerhoff, Elbert B. O., *The Freedom of French Classicism*. Princeton University Press, 1950.

Bossuet, Jacques-Bénigne, *Œuvres*, Paris: Gallimard, Bibliothèque de la Pléiade, 1961.

Brody, Jules. *Boileau and Longinus*. Geneva: Droz, 1958.

Brunschvicg, Léon, *Descartes et Pascal, lecteurs de Montaigne*. Neuchâtel: Editions de la Baconnière, 1945.

—*Le Progrès de la conscience dans la philosophe occidentale.* Two vols. Paris: Alcan, Presses Universitaires de France, 1953.

Brunetière, Ferdinand, 'L'Erreur du XVIIIe siècle', *Revue des deux mondes*, LXXII (1 August 1902), 634-59.

Busson, Henri, *La Religion des classiques* (1660-85). Paris: Alcan, Presses Universitaires de France, 1948.

Cabeen, D. C. (ed.), *A Critical Bibliography of French Literature.* III-IV. Syracuse [N.Y.] University Press, 1951-61.

Cassirer, Ernst, *The Philosophy of the Enlightenment*, trans. F. Koelln and J. Pettegrove. Boston, Mass.: Beacon Press, 1961.

Chérel, Albert, *De 'Télémaque' à 'Candide'.* Paris: Gigord, 1933.

Cioranescu, Alexandre, *Bibliographie de la littérature française du dix-septième siècle.* Three vols. Paris: Centre nationale de la recherche scientifique, 1965-67.

Corneille, Pierre, *Œuvres*, ed. Charles Marty-Laveaux, vol. 1. Paris: Hachette, 1910.

—*Théâtre complet.* Paris: Garnier, 1961.

Crocker, Lester G., *An Age of Crisis: Man and World in Eighteenth-Century French Thought.* Baltimore: Johns Hopkins Press, 1959.

—'Jacques le fataliste, an "Expérience morale" ', *Diderot Studies* III, ed. Otis Fellows and Gita May. Geneva: Droz, 1961.

—*Nature and Culture: Ethical Thought in the French Enlightenment.* Baltimore: Johns Hopkins Press, 1963.

—*Two Diderot Studies: Ethics and Esthetics.* Baltimore: Johns Hopkins Press, 1952.

Desnoiresterres, Gustave, *Voltaire et la société au XVIIIe siècle.* Eight vols. Paris: Didier, 1867-76.

Descartes, René, *Discours de la méthode.* Paris: Larousse, 1935.

—*Les Passions de l'âme*, ed. Geneviève Rodis-Lewis. Paris: Vrin, 1964.

Diderot, Denis, *Encyclopédie.* Geneva: Pellet, 1778.

—*Œuvres complètes*, ed. J. Assezat, vol. 1. Paris: Garnier, 1875. Reprinted Liechtenstein: Kraus Reprint, 1966.

—*Œuvres philosophiques*, ed. Paul Vernière. Paris: Garnier, 1964.

—*Œuvres romanesques.* Paris: Garnier, 1962.

—*Supplément au voyage de Bougainville* in *Œuvres philosophiques.* Paris: Garnier, 1964.

Dreyfus, Irma, *Lectures on French Literature.* London: Longmans, 1896.

Dubois, J., and Lagane, R., *Dictionnaire de la langue française classique.* Paris: Berlin, 1960.

Duhamel, Roger, *Les Moralistes français.* Montreal: Luman, 1947.

Dupréel, Eugène, *Les Sophistes: Protagoras, Gorgias, Prodicus, Hippias*. Neuchâtel: Griffon, 1948.

Faguet, Emile, *Dix-septième siècle: études littéraires*. Paris: Société française d'imprimerie et de librairie, 1898.

Gilbert, Katherine Everett, *A History of Esthetics*. Bloomington: Indiana University Press, 1953.

Godefroy, Frédéric, *Histoire de la littérature française depuis le XVIe siècle jusqu'à nos jours*, vol. 6. Paris: 1879; reprinted Liechtenstein: Kraus, 1967.

Gosse, Edmund, *Three French Moralists and the Gallantry of France*. London: Heinemann, 1918.

Grean, Stanley, *Shaftesbury's Philosophy of Religion and Ethics: a Study in Enthusiasm*. Ohio University Press, 1967.

Grente, Cardinal Georges (ed.), *Dictionnaire des lettres françaises*, vol. ii. Paris: Fayard, 1960.

Guyot, Charly, *Le Rayonnement de 'L'Encyclopédie' en Suisse française*. Neuchâtel: Secrétariat de l'université, 1955.

Hafter, Monroe Z., *Graciàn and Perfection: Spanish Moralists of the Seventeenth Century*. Cambridge, Mass.: Harvard University Press, 1966.

Hartmann, Nicolai, *Ethics*, vol. 1: *Moral Phenomena*. London: Allen & Unwin, 1932.

Hazard, Paul, *La Crise de la conscience européenne: 1680-1715*. Paris: Fayard, 1961.

—*La Pensée européenne au XVIIIe siècle: de Montesquieu à Lessing*, vols. i and ii. Paris: Boivin, 1946.

Hendel, Charles W., *Jean-Jacques Rousseau, Moralist*. Two vols. London and New York: Oxford University Press, 1934.

Henriot, Emile, *Les Maîtres de la littérature française*, vol. 1. Ottawa: Le Cercle du Livre de France, 1957.

Hobbes, Thomas, *Leviathan, Parts I and II*. Library of Liberal Arts. New York: Bobbs–Merrill, 1958.

Hope, Quentin M., *Saint-Evremond: the 'Honnête homme' as Critic*. Bloomington: Indiana University Press, 1962.

Juin, Hubert, *Chroniques sentimentales*. Paris: Mercure de France, 1962.

—*Les Libertinages de la raison*. Paris: Belfond, 1968.

Kaps, Helen Karen, *Moral Perspective in 'La Princesse de Clèves'*. Eugene: University of Oregon, 1968.

Krailsheimer, A. J., *Studies in Self-interest from Descartes to La Bruyère*. Oxford: Clarendon Press, 1962.

La Bruyère, Jean de, '*Les Caractères*' *de Théophraste traduits du grec avec les 'Caractères' ou les mœurs de ce siècle*. Paris: Garnier, 1962.

—*Œuvres*. Three vols. Paris: Hachette, 1878.

La Harpe, Jean-François de, 'Philosophie du dix-huitième siècle', *Lycée ou Cours de littérature ancienne et moderne*, xv. Paris: Lefèvre, 1822.

Lamprecht, Sterling Power, *The Moral and Political Philosophy of John Locke*. New York: Columbia University Press, 1918.

Lanson, Gustave, *Histoire de la littérature française*, ii. Paris: Hachette, 1923.

—*Manuel bibliographique de la littérature française moderne: XVIe, XVIIe, XVIIIe et XIXe siècles*. Paris: Hachette, 1931.

Lautréamont [Isidore Ducasse], *Œuvres complètes*. Paris: Librarie générale française, 1963.

Levi, Anthony, *French Moralists: the Theory of the Passions, 1585 to 1649*. Oxford: Clarendon Press, 1964.

Littré, Emile, *Dictionnaire de la langue française, abrégé par A. Beaujean*. Paris: Editions universitaires, 1958.

Longinus, Dionysius Cassius [?], *On the Sublime*. Oxford: Clarendon Press, 1906.

Lough, John, *An Introduction to Seventeenth-Century France*. London: Longmans, 1954.

—*Essays on the 'Encyclopédie' of Diderot and D'Alembert*. London: Oxford University Press, 1968.

Magendie, Maurice, *La Politesse mondaine et les théories de l'honnêteté, en France, au XVIIe siècle de 1600 à 1660*. Two vols. Paris: Alcan [n.d.].

Mandeville, Bernard, *The Fable of the Bees: or, Private Vice, Publik Benefits,* ed. F. B. Kaye. Two vols. Oxford: Clarendon Press, 1924.

Marcu, Eva, *Répertoire des idées de Montaigne*. Geneva: Droz, 1965.

Marmontel, Jean-François, *Œuvres complètes*, vols. i and v. Paris: Verdière, 1818.

Mauzi, Robert, *L'Idée du bonheur dans la littérature et la pensée françaises au XVIIIe siècle*. Paris: Colin, 1965.

May, Gita, *De Jean-Jacques Rousseau à Madame Roland: Essai sur la sensibilité préromantique et révolutionnaire*. Geneva: Droz, 1964.

—*Diderot et Baudelaire, critiques d'art*. Geneva: Droz, 1957.

—'Les "Pensées détachées sur la peinture" de Diderot et la tradition classique de la maxime et de la pensée', *Revue d'histoire littéraire de la France*, lxx (January–February 1970).

Mercier, Roger, *La Rehabilitation de la nature humaine, 1700-50.* Ville-momble: Editions 'La Balance', 1960.

Merlant, Joachim, *De Montaigne à Vauvenargues: essais sur la vie intérieure et la culture du moi.* Paris: Société française d'imprimerie et de librairie, 1914.

Molière [Jean-Baptiste Poquelin], *Œuvres complètes.* Paris: Seuil, 1962.

Monglond, André, *Le Préromantisme français,* vol. 1. Grenoble: Arthaud, 1930.

Montaigne, Michel de, *Les Essais,* ed. Pierre Villey. Three vols. Paris: Alcan, 1930-31.

Montesquieu, Charles-Louis de Secondat, baron de, *Œuvres complètes.* Paris: Seuil, 1964.

Monk, Samuel H., *The Sublime in XVIII Century England.* New York: Modern Language Association of America, 1935.

Mornet, Daniel, *Histoire de la littérature française classique, 1660-1700: ses caractères véritables, ses aspects inconnus.* Paris: Colin, 1947.

—*La Pensée française au XVIIIe siècle.* Paris: Colin, 1965.

Nagel, Thomas, *The Possibility of Altruism.* Oxford: Clarendon Press, 1970.

Naves, Raymond, *Le Goût de Voltaire.* Paris, 1938; reprinted by Slatkine, Geneva, 1967.

Nisard, Désiré, *Histoire de la littérature française,* vol. 4. Paris: Didot, 1889.

Olson, Robert G., *The Morality of Self-interest.* New York: Harcourt Brace & World, 1965.

The Oxford Annotated Bible, R.S.V., ed. Herbert G. May and Bruce M. Metzger. New York: Oxford University Press, 1962.

Pascal, Blaise, *Œuvres,* ed. Léon Brunschvicg, vols. XII-XIV. Paris: Hachette, 1904.

—*Œuvres complètes.* Bibliothèque de la Pléiade. Paris: Gallimard, 1964.

Perkins, Jean A., *The Concept of the Self in the French Enlightenment.* Geneva: Droz, 1969.

Peyre, Henri, *Le Classicisme français.* New York: Editions de la Maison Française, 1942.

Picard, Roger, *Les Salons littéraires et la société française: 1610-1789.* New York: Brentano's, 1943.

Pomeau, René, *La Religion de Voltaire.* Paris: Nizet, 1956.

Poulet, Georges, *Etudes sur le temps humain,* II: *La distance intérieure.* Paris: Plon, 1952.

Prévost-Paradol, L. A. P., *Etudes sur les moralistes français*. Paris: Hachette, 1864.

Proust, Jacques, *Diderot et l'"Encyclopédie"*. Paris: Colin, 1962.

—*L'Encyclopédie*. Paris: Colin, 1965.

Queneau, Raymond, *Histoire des littératures*, vol. III. Encyclopédie de la Pléiade. Paris: Gallimard, 1958.

Raphael, David Daiches, *British Moralists, 1650-1800*. Two vols. Oxford: Clarendon Press, 1969.

Rodis-Lewis, Geneviève, *La Morale de Descartes*. Paris: Alcan, Presses Universitaires de France, 1957.

Rousseau, Jean-Baptiste, *Œuvres diverses*, vol. I. London, 1731.

Rousseau, Jean-Jacques, *Discours de l'inégalité parmi les hommes,* in *Du contrat social ou principes du droit politique; Discours sur les sciences et les arts;* etc. Paris: Garnier, 1962.

—*Œuvres complètes*, vols. I-II. Paris: Hachette, 1884.

—*La 'Profession de foi du Vicaire Savoyard'*, intro. Pierre-Maurice Masson. Paris: Hachette, 1914.

Rousset, Jean, *La Littérature de l'âge baroque en France: Circe et le paon*. Paris: Corti, 1960.

Sainte-Beuve, Charles-Augustin, *Causeries du lundi*, vol. III (1853) and vol. XIV (1861). Paris: Garnier.

—*Derniers Portraits littéraires*. Paris: Didier, 1858.

—*Œuvres* II. Bibliothèque de la Pléiade. Paris: Gallimard, 1951.

Saint-Evremond, Charles de Saint-Denis, sieur de, *Œuvres en prose*. Four vols. Paris: Didier, 1962-69.

Saisselin, Remy Gilbert, *The Rule of Reason and the Ruses of the Heart: a Philosophical Dictionary of Classical French Criticism, Critics, and Aesthetic Issues*. Cleveland, Ohio: Western Reserve University, 1970.

Schwartz, Jerome, *Diderot and Montaigne: the 'Essais' and the Shaping of Diderot's Humanism*. Geneva: Droz, 1966.

Seneca the Younger, *Letters to Lucilius*, trans. E. Phillips Barker. Two vols. Oxford: Clarendon Press, 1932.

Shaftesbury, Lord, *Characteristics of Men, Manners, Opinions, Times*. New York: Bobbs–Merrill, 1964.

Stegmann, André, *L'Héroïsme cornélien: genèse et signification*. Two vols. Paris: Colin, 1968.

Sutcliffe, F. E., *Le Réalisme de Charles Sorel: problèmes humains du XVIIe siècle*. Paris: Nizet, 1965.

Tallentyre, S. G. [Evelyn Beatrice Hall], *The Friends of Voltaire*. London: Smith Elder, 1906.

Torrey, Norman, *The Spirit of Voltaire*. New York: Columbia University Press, 1938.

Tournand, Jean-Claude, *Introduction à la vie littéraire du XVIIe siècle*. Paris: Bordas, 1970.

Van Tieghem, Philippe, 'Prosateurs du XVIIe siècle', in *Encyclopédie de la Pléiade: Histoire des littératures*, III. Paris: Gallimard, 1963.

Vereker, Charles, *Eighteenth-century Optimism*. Liverpool University Press, 1967.

Vier, Jacques, *Histoire de la littérature française: XVIIIe siècle*. Two vols. Paris: Colin, 1965-70.

Vinet, Alexandre, *Histoire de la littérature française au dix-huitième siècle*, vol. I. Lausanne: Payot, 1960.

Voltaire, François-Marie Arouet de, *Lettres philosophiques*. Paris: Garnier, 1964.

—*Œuvres complètes*, ed. Moland. Fifty-two vols. Paris: Garnier, 1877-85.

Wade, Ira O., *The Intellectual Development of Voltaire*. Princeton University Press, 1969.

Warren, Austin, and Wellek, René, *Theory of Literature*. New York: Harcourt Brace & World, 1956.

Waterman, Mina, *Voltaire, Pascal and Human Destiny*. New York: King's Crown Press, 1942.

Willard, Nedd, *Le Génie et la folie au dix-huitième siècle*. Paris: Alcan, Presses Universitaires de France, 1963.

Willey, Basil, *The Eighteenth-century Background: Studies on the Idea of Nature in the Thought of the Period*. London: Chatto & Windus, 1940.

—*The Seventeenth-century Background: Studies in the Thought of the Age in Relation to Poetry and Religion*. New York: Doubleday, 1953.

Index